Dagmar Brunsch, Sascha Ebel

Inklusion – was tun?

Checklisten für den inklusiven Unterricht in der Sekundarstufe

5.–10. Klasse

Die Autoren:

Dagmar Brunsch ist erfahrene Förderschullehrerin und stellvertretende Schulleiterin. Sie war an Förderschulen mit den Schwerpunkten emotionale- und soziale Entwicklung sowie Lernen tätig und als Fachberaterin für Sonderpädagogische Förderung an der Niedersächsischen Landesschulbehörde. Zurzeit arbeitet sie im Niedersächsischen Kultusministerium.

Sascha Ebel ist erfahrener Förderschullehrer und Fachberater für Sonderpädagogische Förderung an der Niedersächsischen Landesschulbehörde. Er arbeitet im Bereich Inklusion an einer Gesamtschule und einem Gymnasium im Landkreis Schaumburg.

Gedruckt auf umweltbewusst gefertigtem, chlorfrei gebleichtem und alterungsbeständigem Papier.

2. Auflage 2019
© 2015 PERSEN Verlag, Hamburg
AAP Lehrerfachverlage GmbH
Alle Rechte vorbehalten.

Grafik: Cover: Mele Brink, Piktogramme: Julia Flasche
Satz: Satzpunkt Ursula Ewert GmbH, Bayreuth

ISBN 978-3-403-23429-6

www.persen.de

Inhaltsverzeichnis

I. Einleitung / Hinweise

II. Checklisten

Übergeordnete Checklisten

Checklisten für die Förderschwerpunkte

Blankovorlagen (B1–B3) zur eigenen Ergänzung

III. Glossar

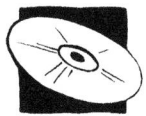

IV. Literatur- und Quellenverzeichnis

Inhalt der beiliegenden CD

Checklisten und Blankovorlagen als PDF und im veränderbaren Word-Format

Allgemeine Hinweise zur Inklusion in der Schule

Im März 2009 unterschrieb Deutschland die UN-Behindertenrechtskonvention. Seit der Ratifizierung stehen die Bundesländer in der Pflicht, das Bildungssystem derart umzubauen, dass die Partizipation aller Schüler mit Behinderung unabhängig von körperlicher und psychischer Konstitution und kognitiver Leistungsfähigkeit im Regelschulsystem ermöglicht wird.

Inklusion im Schulsystem im Sinne von gemeinsamem Unterricht für alle Kinder ist kein neuer Gedanke. Ein Blick nach Kanada, Italien oder Finnland, aber auch in viele Schulen Deutschlands genügt, um zu zeigen, dass es geht. Natürlich hat jedes Land eigene Bedingungen und Widersprüche; in vielen Schulen, die Inklusion anstreben, sind ebenfalls grundlegende Verbesserungen nötig. Es bleibt jedoch: Gemeinsamer Unterricht ist denkbar und umsetzbar.

Inklusion als völlige Barrierefreiheit, als volle Partizipation aller ist es ein anzustrebender, aber niemals ein für immer und in jeder Hinsicht vollständig zu erreichender Idealzustand. Ein lebendiges System auf dem Weg zur Inklusion ist auf Evaluation und Optimierungsprozesse angewiesen. Es ist auch angewiesen auf ein Denken, Fühlen und Handeln, das inklusive Prozesse ermöglicht. Ohne Instrumente und Hilfsmittel wie beispielsweise diese Checklisten und ohne Austausch mit erfahrenen Praktikern und Experten wirkt der Appell an eine inklusionsfördernde Haltung gerade im Status erster Implementierung auf betroffene Lehrkräfte eher wie ein Vorwurf. Nur wer sich in seiner veränderten beruflichen Rolle als inklusiv arbeitende Lehrkraft auch inhaltlich zurechtfindet, kann auch mit der neuen Herausforderung umgehen und seine positive Haltung bewahren und ausbauen. Die vorliegenden Checklisten sollen Ihnen helfen, von heute auf morgen, aber auch im kontinuierlichen Prozess, wichtige Dinge zu bedenken und zu überdenken, mit minimalem Aufwand zu dokumentieren und individuell – Ihrem inklusiven Vorgehen gemäß – eine klare Struktur zu geben.

Zum Umgang mit den Checklisten

Die vorliegenden Checklisten für den Sekundarbereich I sind eine Fortentwicklung der Checklisten für den inklusiven Unterricht an der Grundschule des Bandes „Inklusion – was tun?". Neu zu beachten ist im Sekundarbereich I, dass viele Schulformen nebeneinander existieren und sich, abgesehen von den Gesamtschultypen, in der Regel stark über das Lern- und Leistungsvermögen ihrer Schülerschaft definieren, es generell mehr Fachlehrer pro Klasse gibt und die Rolle der Klassenlehrkraft im Vergleich zur Grundschule abnimmt. Das wirkt sich erschwerend auf den Inklusionsprozess aus, darf ihn aber nicht verhindern. Generell liegen große Chancen im „Ja" zur Vielfalt, was zahlreiche Beispiele bereits inklusiv arbeitender Schulen des Sekundarbereichs I beweisen und wie es Schulversuche sowie fest eingerichtete Kooperationen belegen.

Bei den vorliegenden Checklisten werden bestimmte Parameter betrachtet und in der linken Spalte als „erledigt" im Sinne von „wir haben daran gedacht, es umgesetzt" markiert ⊘. Zusätzlich – in der rechten Spalte – mit der Markierung „D" versehen, wenn eine Dokumentation zum Beispiel in der Schülerakte dazu vorliegt. Darüber hinaus kann dort ein Pfeil ← eingesetzt werden, der transparent macht, dass dieser Punkt noch zu bearbeiten ist, bzw. anders zu bearbeiten ist als bisher. Trifft der Punkt in Bezug auf die konkrete Situation gar nicht zu, wird das Feld einfach freigelassen oder schräg durchgestrichen. Für den Fall, dass weitere Hinweise (Namen von Schülerinnen und Schülern[1], Datum der Erledigung, Ort der Ar-

---

[1] In den Checklisten werden die Abkürzungen „SuS" für Schülerinnen und Schüler sowie „S" für Schülerin und Schüler verwendet.

Dagmar Brunsch, Sascha Ebel: Inklusion – was tun? – Sekundarstufe
© Persen Verlag

chivierung des Protokolls) oder weitere Notizen eingetragen werden sollen, ist auch dafür in der rechten Spalte Platz.

Zur individuellen Nutzung liegt dem Werk eine **Daten-CD mit allen Checklisten** als veränderbare Word-Dokumente bei. Dies ermöglicht jederzeit eine dem jeweiligen Bedarf oder Konzept passende Bearbeitung der Listen und auch das Entfernen der Beispiele, wenn diese nicht (mehr) benötigt werden. Die Listen teilen sich in zwei Anwendungsbereiche auf. Zum einen gibt es die **übergeordneten Listen (C1–C9)**, die eine Einführung in inklusives Planen und Handeln in den Regelschulen erleichtern sollen. Sie bieten einen schnellen Überblick. Jede Lehrkraft kann mit minimalem zeitlichen Aufwand feststellen und gleichzeitig festhalten, wieweit inklusive Prozesse in der einzelnen Klasse oder in der Lerngruppe zu einem bestimmten Zeitpunkt vorangetrieben sind, wo bisher noch unbearbeitete oder gar unentdeckte Aufgabenfelder liegen und wo Ansatzpunkte für weiteres Vorgehen liegen.

Neu hinzugekommen sind gegenüber der Grundschulausgabe die „Checklisten Schulleitung und mittleres Management" (C1) und „Integrationsassistent/Einzelfallhelfer" (C6).

Die Schulleitung mit dem erweiterten Schulleitungsteam ist im Hinblick auf die Veränderungen, die die Inklusion mit sich bringt, die rahmengebende Instanz der Erneuerungsprozesse. Neben all den formellen und informellen Vorgängen, die sie zu begleiten und mit zu verantworten hat, ist es ein absoluter Glücksfall für eine inklusiv arbeitende Schule, wenn die Schulleitung durch ihre Haltung und durch ihr Handeln die Ziele der Inklusion deutlich nach außen vertritt und auch im eigenen Handeln sichtbar werden lässt. Wichtig: Mit der zusätzlichen Checkliste CZ. Bitte an die Schülervertretung weitergeben!

Ohne Einzelfallhelfer oder Integrationsassistenten ist die Beschulung einzelner Schülerinnen und Schüler mit sehr weitreichenden Betreuungsbedürfnissen nicht denkbar. Sie ermöglichen es durch ihre Langmut und ihr Detailwissen, die Brücke zur Teilhabe des Einzelnen darzustellen. Häufig aber haben sie es aufgrund mangelnder spezifischer Ausbildung und Vorbereitung auf die Arbeit durch die beschäftigenden Institutionen besonders schwer, sich im interdisziplinären Team zurechtzufinden und abzustimmen. Die neue Checkliste kann eine Hilfe sein.

Die **Listen mit den Förderschwerpunkten (C10–C15)** wurden für die Anwendung in Bezug auf konkrete Schülerinnen und Schüler entwickelt. Neben den drei Förderschwerpunkten „Emotionale und Soziale Entwicklung", „Lernen" und „Sprache" werden die Teilleistungsschwächen „Dyskalkulie" und „Lese-Rechtschreib-Schwäche" sowie die Diagnose „Asperger-Autismus" berücksichtigt.

Innerhalb der Checklisten werden Parameter wie die pädagogischen/persönlichen Haltungen, organisatorische Gesichtspunkte, interdisziplinäre Kooperationen und auch gesetzliche/untergesetzliche Vorgaben aufgeführt. Die Anordnung der Parameter innerhalb der Checklisten spiegelt keine Sortierung nach Wichtigkeit oder Dringlichkeit. Sie soll vielmehr dem Gedanken Rechnung tragen, dass Inklusion stets im Kopf ihren Anfang nimmt.

Alle Listen bieten Hilfestellung bei der Analyse auftretender Probleme in inklusiven Prozessen, eine schnelle Dokumentationsmöglichkeit und einen hohen Präventionsfaktor, wenn sie frühzeitig und zum Beispiel in jährlichem Rhythmus wiederholt angewendet werden. Nur entdeckte Problemfelder werden einer Bearbeitung zugänglich gemacht. Die Listen erheben keinen Anspruch auf Vollständigkeit und sind unabhängig von den Regelungen der einzelnen Bundesländer. Spezielle Anforderungen oder Möglichkeiten können der individuellen Erlass-, Fortbildungs- und Beratungslage gemäß ergänzt werden. Informieren Sie sich bitte bei den entsprechenden Stellen.

Viele Checklisten vermitteln die Wichtigkeit von Gesprächen mit verschiedenen beteiligten Personen zu diversen Anlässen und schlagen Themen dafür vor. Das Gespräch, auch der nonverbale Dialog, hat eine große Bedeutung für den (förder-)diagnostischen Prozess. In Annäherung an eine rehistorisierende Diagnostik sollte unserer Meinung nach die individuelle Entstehungsgeschichte einer Symptomatik und deren tiefe Sinnhaftigkeit für die Schülerinnen und Schüler im Mittelpunkt einer Diagnostik stehen, die es vor allem in ihrer sozial-emotionalen Dimension zu rekonstruieren gilt. Wenn ich als Gegenüber die Entwicklungslogik einer spezifischen Auffälligkeit oder Problematik, aber auch die Entwicklungslogik einer besonderen Stärke begriffen und vor allem emotional nachvollzogen habe, bin ich in der Lage, eine hilfreiche, fördernde und wertschätzende Interaktion mit den Schülerinnen und Schülern einzuleiten.

Für Ergänzungen bieten sich generell die **Blankovorlagen (B1–B3)** an, die einfach an eine der anderen Listen angefügt werden können. Die Liste B3 kann auch weiteren Förderschwerpunkten dienen, wenn beispielsweise Schülerinnen und Schüler mit Sehbehinderung an die Schule kommen. In diesem Fall könnte die spezielle Liste mit den zuständigen Regelschullehrkräften, der Förderschullehrkraft der Regelschule und dem Mobilen Dienst „Sehen" des zuständigen Förderzentrums, ggf. mit der Schülerin/dem Schüler selbst sowie mit den zugehörigen Eltern auf Grundlage einer Blankovorlage erstellt werden.

Im **Glossar** werden einige der benutzten Fachtermini und mögliche andere Stolpersteine erklärt.

Wir wünschen viel Erfolg mit den Listen auf dem Weg zu einer gelingenden Inklusion!

Dagmar Brunsch und Sascha Ebel

Dagmar Brunsch, Sascha Ebel: Inklusion – was tun? – Sekundarstufe
© Persen Verlag

Checkliste: Schulleitung und mittleres Management

Checkliste für _____ , geb.: _____

Erstellt am _____ durch _____

Wir haben an folgende Vorgehensweisen / Maßnahmen und Aspekte gedacht:

✔	C1 Schulleitung und mittleres Management 1/3	✐ Notizen und Hinweise z. B. *D* = dokumentiert, ← nachzuholen
Allgemein/Präventivmaßnahmen		
○	**Unser Selbstverständnis, unser Wissen, unsere Kompetenz. Positionierung zu folgenden Aussagen:**	
	○ Wir können alle den Begriff „Inklusion" definieren und abgrenzen zu „Integration", „Separation" und begründen, warum mehr Regelschulen in Deutschland inklusive Schulen werden (sollen); wir sind gut informiert über die Gesetzeslage und die untergesetzlichen Regelungen zur Inklusion.	
	○ Sehen wir uns bereits als ein System auf dem Weg zur Inklusion? Wir können die Chancen der Inklusion für uns benennen und arbeiten an Möglichkeiten, diese zu erreichen.	
	○ Wir nutzen Unterstützung, z. B. durch Schulentwicklungsberater der Landesschulbehörde oder durch Hospitationen/Treffen mit Schulen, die bereits weitgehend inklusiv arbeiten.	
	○ Wir sind im Dialog mit dem Kollegium und setzen darauf, alle irgendwie mitzunehmen und in ihrer Angst ernst zu nehmen, stellen dabei aber keine grundlegenden Menschenrechte und auch keine Schulgesetze zur Disposition.	
	○ Wir investieren bereits viel Energie in die Förderung inklusiven Denkens und Handelns.	
	○ Es ist allen Kolleginnen und Kollegen klar, wie sie einen Nachteilsausgleich festlegen; wir ermutigen zur Nutzung der Möglichkeit zum Nachteilsausgleich über den LRS- und Dyskalkuliebereich hinaus, das Kollegium macht auch davon Gebrauch.	
	○ Wir haben einen dem Kollegium, evtl. auch der ganzen Schulöffentlichkeit zugänglichen und gut gepflegten Informationsbereich (Schwarzes Brett, Homepage etc.) exklusiv für neue Regelungen, Mitteilungen, Presseauszüge zur Inklusion.	

✔	C1 Schulleitung und mittleres Management 2/3	✎ Notizen und Hinweise z.B. *D* = dokumentiert, ← nachzuholen
○	**Unser System in wichtigen Details richtig einschätzen. Positionierung zu folgenden Aussagen**	
	○ Wir helfen unseren SuS mit Leistungsproblemen frühzeitig und auf vielfältige Weise, persönlich und durch Unterstützersysteme.	
	○ Wir tun ausreichend viel für ein gutes Schul- und Lernklima.	
	○ Es gibt SuS mit festgestelltem sonderpädagogischen Unterstützungs-/Förderbedarf an unserer Schule.	
	○ Wir leben Vielfalt vor. Es gibt Schulleitungsmitglieder, Lehrkräfte und nicht lehrendes Personal mit Schwerbehinderung, Sprachproblemen, homosexueller Paarbeziehung, Migrationshintergrund, nichtchristlicher Religion etc. Wir können diese individuellen Besonderheiten zeigen, ohne negative Folgen in Kollegium oder Schülerschaft fürchten zu müssen.	
	○ Wir arbeiten präventiv und intervenieren effektiv bei Ausgrenzung und anderen Mobbingprozessen in Schülerschaft und Kollegenkreis.	
	○ Jeder S weiß, an wen man sich bei persönlichen Problemen wenden kann.	
	○ Wir nehmen uns Zeit für Eltern mit Veränderungswünschen, auch wenn die Nachfragen, Beschwerden, Wünsche nicht im richtigen Tonfall übermittelt werden.	
	○ Es gibt offen kommunizierte und funktionstüchtige Beschwerdewege in unserer Schule.	
	○ Wir gestalten die Übergänge (aus Grundschule und in die Berufswelt/weitere Beschulung) aktiv mit.	
○	Konzeptionelle Verankerung (z.B. Selbsterklärung, Schulkonzept, Homepage) eines förderlichen Denkens und Handelns nach Grundsätzen der Inklusion in unserem Leitungsteam, Schulleitung, stv. Schulleitung, Stufenleiter, Steuergruppe etc.	
○	Implementierung von Optimierungsprozessen auf der Basis regelmäßiger Evaluation unseres inklusiven Handelns und seiner Wahrnehmung durch dritte Personen	
○	Mitarbeit der Schulleitung an der Verbesserung inklusiven Denkens und Handelns in nachgeordneten Systemen wie Fachkonferenzen, Klassenkonferenzen zur Implementierung von Nachteilsausgleich, Ganztagsbereich, AGs, Information von Schulvorstand, Elternvertretung, Schülervertretung etc.	

Dagmar Brunsch, Sascha Ebel: Inklusion – was tun? – Sekundarstufe
© Persen Verlag

✔	C1 Schulleitung und mittleres Management 3/3	✐ Notizen und Hinweise z. B. D = dokumentiert, ← nachzuholen
◯	**Mitarbeit an der Verbesserung inklusiven Denkens und Handelns in nebengeordneten Systemen:**	
	◯ Inklusives Denken und Handeln: Die Implementierung im Schulalltag ist auf den verschiedenen Ebenen von Kollegium, Schülerschaft und Eltern als Thema in der Begegnung/Vernetzung mit Nachbarschulen auf Schulleitungsebene etabliert. Dann gilt: Kreisen die Gespräche nur um (unlösbar erscheinende) Probleme oder werden auch Fortschritte gesehen und gewürdigt? Wie ist unsere Grundhaltung zur Inklusion? Können wir etwas für eine Verbesserung einseitiger Sichtweisen bei uns tun?	
	◯ Engagement unseres Leitungsteams im Einzugsbereich unserer Schule für Inklusion in Sportvereinen, Jugendzentren, für Mobilitätsvereinfachungen, Vernetzung mit Jugendhilfeeinrichtungen, Integrationszentren und Trägern Inklusiver Quartiersarbeit	
	◯ Teilnahme an kommunalpolitischen und öffentlichen Gremien und übergeordneten Einrichtungen wie ein stadtteilbezogener Runder Tisch „Inklusion". Wir nehmen bereits daran Teil oder unterstützen bzw. initiieren die Einrichtung eines Runden Tisches.	
◯	Nutzung des „Index für Inklusion" oder eines ähnlichen Verfahrens zur Optimierung inklusiver Prozesse in unserer Schule/Institution	
◯	Ernennung eines Inklusionsbeauftragten aus dem Leitungsteam	
◯	Förderung der Fortbildung von Kolleginnen und Kollegen zur Qualitätsverbesserung eines inklusiven Unterrichts?	
◯	Installation eines Evaluationsprogrammes an der Schule, das auch Aussagen zur Unterrichtsqualität macht (EFQM u. a.)	
◯	Regelmäßige Unterrichtsbesuche durch Grundschulleiter und Förderschulleiter mit Beobachtungsauftrag	
◯	Kenntnis und Nutzung/Förderung vorhandener Ressourcen und Kompetenzen innerhalb des Kollegiums (Beraterausbildung, Erfahrungen in der Arbeit in inklusiven Systemen, ehrenamtliche Arbeit zur Unterstützung von sozial benachteiligten Gruppen, Engagement für Hilfsorganisationen, besondere kulturelle Einbindung, besondere Fremdsprachenkenntnisse, besondere Kenntnisse aus den Bereichen ADHS, ADS, Dyskalkulie, LRS, Autismus, Sonderpädagogik, emotionale und soziale Förderung, Diagnostik etc.)	

Checkliste: Inklusion als Aufgabe der Schülervertretung

(Bitte an die Schülervertretung weitergeben!)

Erstellt am _____ durch _____

Wir haben an folgende Vorgehensweisen / Maßnahmen und Aspekte gedacht:

✔		✎ **Notizen und Hinweise** z. B. D = dokumentiert, ← nachzuholen
○	**Klärung der Begriffe.** Können wir alle den Begriff „Inklusion" erklären, von „Integration" abgrenzen und auf schulische und außerschulische Situationen übertragen?	
○	**Ansprechpartner suchen.** Offiziell ernannte Inklusionsbeauftragte ebenso wie die an der Schule arbeitenden Förderschullehrkräfte und Beratungslehrkräfte als auch die in Themen der Teilhabe und der differenzierten Unterrichtung „besonders fitten" Lehrkräfte kennen	
○	Regelmäßigen **Informationsaustausch** mit den zuständigen Lehrern und der Schulleitung organisieren	
○	Wissen um die **Situation der eigenen Schule** klären	
○	○ In welcher Klasse wird schon inklusiv gearbeitet?	
○	○ Welche Erfahrungen werden dort gerade gemacht?	
○	○ Können wir diese Klassen irgendwie unterstützen?	
○	○ Welche Stärken hat unsere Schule, die zum weiteren Ausbau der Inklusion genutzt werden könnten?	
○	**Teilnahme an Veranstaltungen** des Stadt- oder Kreisschülerrats zur Inklusion	
○	**Wahl eines Inklusionsbeauftragten** aus dem Kreis der Schülervertreter	
○	Kontakt und **Unterstützung anbieten** für alle SuS, die Hilfe suchen, Sprechzeiten und Werbung für die Hilfen aushängen (Achtung: mit der Schulleitung absprechen!)	
○	Eigenes **Denken und Handeln** überdenken	
○	○ Dürfen bei uns auch SuS mitarbeiten, die keine Klassensprecher sind?	
○	○ Wie gehen wir mit schwierigen Persönlichkeiten um?	

Dagmar Brunsch, Sascha Ebel: Inklusion – was tun? – Sekundarstufe
© Persen Verlag

Checkliste: Inklusion in der Klasse/Lerngruppe

Checkliste für (Klasse/Gruppe) _____

Erstellt am _____   durch _____

Wir haben an folgende Vorgehensweisen/Maßnahmen und Aspekte gedacht:

✔	C2 Klasse/Lerngruppe 1/3	✎ **Notizen und Hinweise** z. B. *D* = dokumentiert, ← nachzuholen
○	Beachtung des Grundsatzes für Inklusive Arbeit: **Inklusive Arbeit ist gemeinsame Arbeit am gleichen Gegenstand** u. U. mit verschiedenen Schwerpunkten und Aufgaben. Sie dient einem gemeinsamen Ziel, das gemeinsam ganz oder in Teilbereichen erreicht wird oder nicht erreicht wird. Das gilt auch, wenn betrachtet wird, dass Individualziele immer vom Einzelnen erreicht oder nicht erreicht werden und auch, wenn einzelne SuS zieldifferent unterrichtet werden.	
○	Nutzung des **„Index für Inklusion"** oder eines ähnlichen Verfahrens zur Optimierung inklusiver Prozesse in unserem Unterricht?	
○	Tun wir in unserem Fachunterricht etwas für **Zivilcourage**? Wie mutig sind wir, uns für die Ziele der Inklusion einzusetzen: z. B. Partizipation aller, Abbau von Barrieren, Umsetzung des Gleichheitsgrundsatzes, Einhaltung der Menschenrechte?	
	○ Thematisieren wir diese Ziele im (Fach-)unterricht?	
	○ Verhalten wir uns solidarisch mit SuS in schwierigen Lebenssituationen, Außenseiterpositionen, Lernproblemen?	
	○ Darf bei uns im Klassenverband/im Lehrerteam auch ein Tabu angesprochen werden? Wo sind, wo setzen wir Grenzen?	
○	Tun wir etwas **gegen Totschlagargumente** wie z. B. „Das war schon immer so!" oder „Das ginge alles, wenn wir mehr personelle und sächliche Ressourcen hätten!" oder „Das bindet zu viel Zeit, die den anderen SuS zusteht!" oder „Das akzeptieren die Eltern nicht!" etc.? *Lösungsvorschläge: Umformulieren. „Was können wir tun, damit das anders wird?", „Was können wir tun, damit das etwas bringt?" etc.*	

✔	C2 Klasse / Lerngruppe 2/3	✎ Notizen und Hinweise z. B. *D* = dokumentiert, ← nachzuholen
○	**Öffnung des Klassenzimmers:**	
	○ Haben wir als Klasse / Lerngruppe Kontakt zu anderen Klassen der Schule?	
	○ Fördern wir Patenschaften und Nachhilfe- und Unterstützungsangebote von älteren zu jüngeren SuS, zu den Sozialarbeitern des Jugendzentrums o. Ä.?	
	○ Haben wir als Klasse / Lerngruppe auch außerhalb von Berufsvorbereitungsmaßnahmen wie Praktika Kooperationen mit Betrieben und Einrichtungen/Institutionen im Nahraum?	
○	**Das „subjektive" Gefühl der Zugehörigkeit.** Folgender Fragenkatalog kann auch mit den anderen Lehrkräften der Klasse getrennt bearbeitet und dann zusammengeführt werden. Wenn ich alle SuS im Kopf durchgehe, gibt es wohl jemand (*Wer? Woran mache ich das fest? – Auch mein Bauchgefühl zählt!*), die/der …	
	○ morgens ungern zur Schule kommt?	
	○ Angst vor bestimmten Fächern/Stunden hat?	
	○ Angst vor dem Schulweg hat?	
	○ Angst vor bestimmten Mitschülern hat?	
	○ Angst vor bestimmten Lehrkräften hat?	
	○ Angst vor der Pause hat?	
	○ oft müde oder traurig wirkt?	
	○ sehr angespannt wirkt, andere schnell angreift?	
	○ keine Freunde in der Klasse / Lerngruppe hat?	
	○ vor allem Freunde zu haben scheint, weil er/sie laut, dominant und potenziell gefährlich ist?	
	○ sich irgendwie anders verhält?	
	○ irgendwie anders aussieht?	
	○ sich privat mit niemandem aus der Klasse trifft?	
	○ nicht an allen Angeboten der Klasse / Schule teilnehmen kann oder darf?	
	○ Erziehungsberechtigte hat, die mich als Lehrkraft nicht akzeptieren?	
	○ mir zusätzliche Arbeit und Sorge macht?	
	Fragen: Was macht das mit mir? Bin ich ungehalten darüber oder fühle ich mich dem jeweiligen S besonders nah? Gibt es (noch) Momente, in denen der S und ich gemeinsam und miteinander lachen/staunen? Oder haben sich die Rollen verhärtet?	

Dagmar Brunsch, Sascha Ebel: Inklusion – was tun? – Sekundarstufe
 © Persen Verlag

✔	**C2 Klasse / Lerngruppe** 3/3	✎ **Notizen und Hinweise** z. B. $\mathcal{D}$ = dokumentiert, ← nachzuholen
○	**Aushalten von Widersprüchen:** *Hinweis: Es gibt Widersprüche und Auffälligkeiten, die ich nicht ändern kann oder sollte. Jedes für uns auffällige Verhalten hat für den S einen Sinn.*	
	○ Schaffe ich es, eine „trotzdem" akzeptierende Atmosphäre in der Klasse anzubahnen und zu fördern?	
	○ Kann ich eine Lernumgebung schaffen, die Lernen und Entwicklung für den betreffenden S trotz der Widersprüche und Auffälligkeiten ermöglicht?	
	○ Immer wieder prüfen: Ist das **Kindeswohl** gefährdet zum Beispiel durch selbstzerstörerisches Verhalten oder Alkohol- und Drogenkonsum? Wenn nicht: Halte ich die unbezähmbaren Widersprüche und Auffälligkeiten aus und kann ich mich dem S dennoch freundlich und sorgend zuwenden?	
○	**Zuversicht haben und vermitteln:**	
	○ Zeigen wir Lehrkräfte jedem S, dass er seine Aufgaben bewältigen kann?	
	○ Schaffen wir Lehrkräfte es, jedem S zu vermitteln, dass er stolz auf eigene Erfolge sein kann und freuen wir uns mit?	
	○ Schaffen wir es, den wohl maximal möglichen Lernzuwachs für einen S nicht schon vorab zu begrenzen, indem wir nichts oder zu wenig erwarten und fordern? *Hinweis: Vielleicht sind keine Grenzen im Lernen, wo wir sie vermuten. Und wenn Grenzen erreicht werden, vielleicht sind sie nächstes Jahr nicht mehr da.*	
○	**Ernährung:** Neben Aufklärungskampagnen und Aktionen zur gesunden Ernährung wie dem warmen Mittagstisch für alle, ist es wichtig, sicherzustellen, dass kein S in der Schule mit Hunger und Durst arbeiten oder lernen muss. *Anmerkung: Oft muss man Hunger als auslösenden Faktor für sehr schlechte Laune, Gewaltbereitschaft und Unkonzentriertheit erst entdecken ...* (Siehe Checkliste C9 Armut)	

Checkliste: Unterricht

Checkliste für (Klasse / Team) _____

Erstellt am _____ durch _____

Wir haben an folgende Vorgehensweisen / Maßnahmen und Aspekte gedacht:

✔	**C3 Unterricht** 1/4	✏ **Notizen und Hinweise** z. B. D = dokumentiert, ← nachzuholen
○	Beachtung/Einhaltung einer **kooperativen und solidarischen Arbeitsatmosphäre** aller Lehrkräfte und der weiteren, ebenso der nur zeitweise in der Klasse arbeitenden Lehrkräfte (siehe auch Checkliste C5 und C6)	
○	Einarbeitung mindestens einer Lehrkraft (zum Beispiel Klassenlehrer) des Teams in Themen des **Classroom Managements** und Umsetzung verschiedener Inhalte nach Vorstellung oder gemeinsamer Diskussion mit den beteiligten anderen Lehrkräften/Mitarbeitern *Hinweis: Bei neu zusammengesetzten Lerngruppen und schwierigen Klassen ist es besonders wichtig, dass sich alle Lehrkräfte gut absprechen und zusammenarbeiten und nicht gegeneinander oder nebeneinander.*	
○	**Gegliederte Einrichtung des Klassen- oder Fachraumes** – mit Regalen und personalisierten Aufbewahrungsboxen – mit Lernmaterialien und Bücherei – mit PCs – mit Themenwänden zu Unterrichtsinhalten – mit Lernbüro als zusätzlicher kleiner, nischenartiger Schreibtisch mit Seitenwand und Abdeckung zum ungestörten Arbeiten *Hinweis: Gerade auch für lärmempfindliche SuS geeignet, wenn sie schwierige und komplexe Denkaufgaben bearbeiten wollen. Es ist dabei egal, ob der S autistisch, hochbegabt, schlecht gelaunt, sehr gut gelaunt ist oder er das Lernbüro nur ausprobieren möchte.*	
○	Anpassung der **schuleigenen Lehrpläne / die eigenen Planungen** der Unterrichtseinheiten auf Basis des gültigen Curriculums. Diese müssen so angelegt sein, dass sie in Zeitstruktur und Umfang, Detailliertheit, den Erfordernissen der Lerngruppe sowie den Erfahrungen der Lehrkraft / der Lehrkräfte entsprechen.	

Dagmar Brunsch, Sascha Ebel: Inklusion – was tun? – Sekundarstufe
© Persen Verlag

✔	**C3 Unterricht** 2/4	🖉 **Notizen und Hinweise** z. B. 𝒟 = dokumentiert, ← nachzuholen
Unterricht konkret		
○	**Parallele Achtsamkeit:** gleichzeitiges Augenmerk richten auf didaktisch-organisatorische Arbeit mit primärer Präsenz und sprachlich-emotionalem Duktus (Lehren, Lenken, Begleiten der Gesamtgruppe) und „nebensächliche" empathisch-pädagogische Arbeit mit Einzelnen oder Kleingruppen *Beispiele: u. a. nonverbales Stützen, Ermutigen, Führen; Schützen durch fragend tadelnden oder ermunternden Blickkontakt; eine beruhigende Hand auf die Schulter legen oder zum Sitzplatz zurückweisen; Lehrerstandort in den Unruheherd der Klasse verlegen; bei Ermunterung eines schüchternen S zu mündlichem Beitrag eher räumliche Distanz zum S vergrößern, damit die Klasse eher zum Lehrer schaut und der S nicht so den Blicken der Gesamtklasse preisgegeben wird bzw. so dicht vor dem S stehen, dass er die Illusion aufbauen kann, er antworte nur der Lehrkraft.*	
○	Installation von **fächerübergreifendem Unterricht**	
○	Installation von **jahrgangsübergreifendem Unterricht**	
○	Nutzung **außerschulischer Lernorte**	
○	Hineinholen von außerschulischen **Experten** in die Klasse *Hinweis: Für jedes Unterrichtsthema (!) gibt es im Berufs- und Lebensumfeld Menschen, die mit den Inhalten des Themas arbeiten oder auf den Grundlagen aufbauen.*	
○	Nutzung **neuer Medien** wie Whiteboard und Laptop	
○	Nutzung neuer **Kommunikations- und Informationsforen**	
○	Einrichtung von **Methodentagen**	
○	Einführung und Ausbau von **Stationenlernen, Wochenplanarbeit, Portfolioarbeit** etc.	
○	**Methodenwechsel, Sozialformwechsel** in jeder Unterrichtsstunde	
○	Ausreichende **Rhythmisierung** und Überschaubarkeit der Lernangebote	
○	Aufrechterhaltung von **Unterrichtsfluss**, zügige Materialverteilung, Initiation nächster Arbeitsschritte oder Sozialformwechsel gut vorbereiten und Routinen einführen, prägnante Aufgabenstellung mit sofortiger Aktivierung	
○	Pflege von **Stillarbeitsphasen**, in denen es auch wirklich still ist	

Dagmar Brunsch, Sascha Ebel: Inklusion – was tun? – Sekundarstufe
© Persen Verlag

✔	C3 Unterricht 3/4	✐ Notizen und Hinweise z.B. *D* = dokumentiert, ← nachzuholen
○	Ausreichend Zeit für **Wiederholung** und Übung	
○	**Handelndes Lernen** als Ergänzung oder Hauptzugang zum Unterrichtsstoff, und zwar mit breiter Aktivierung, d.h., möglichst alle müssen immer wieder aktiv werden.	
○	**Bewusste Wahl der Art von Binnendifferenzierung:**	
	○ Vor- oder Nachinstruktion *Erläuterung: Vorab schon einmal oder nachträglich noch einmal erklären in der Kleingruppe, bzw. nachträgliches, vermehrtes Üben*	
	○ Angebot der Materialien, Aufgaben, Methoden in verschiedenen Schwierigkeitsgraden bei gleichem oder ähnlichem Inhalt (Arbeit an dem gleichen Unterrichtsgegenstand), zum Beispiel A-, B-, C-Level oder Symbole *Hinweis: Einteilung durch die Lehrkraft vorab oder Selbstwahlprinzip*	
	○ Angebot von verschiedenen Aufgabenmengen *Hinweis: Kann ebenfalls mit Symbolen oder Buchstaben kenntlich gemacht werden oder einfach Zusatz-Aufgaben (Z1, Z2) anbieten*	
	○ Vermehrte Anschaulichkeit in Instruktion und Durchführung oder Bearbeitung	
	○ Zusätzliche oder alternative Handlungsorientierung mit Arbeit am gleichen oder ähnlichen Unterrichtsgegenstand	
○	**Qualität der Binnendifferenzierung.** Ist sie ausreichend und so gut, dass alle S ihrem Lernstand gemäß arbeiten können, es aber auch nicht unübersichtlich wird für Lehrkräfte sowie SuS?	
○	Ist zeitweilig eine **äußere Differenzierung** möglich, die jedoch nur ergänzenden Status hat und sich auch auf einzelne Fächer oder Phasen beziehen sollte? *Hinweis: Z.B. ist es wohl kaum in der Breite zu ermöglichen, für das Thema „Lineare Gleichungssysteme" zieldifferente Aufgaben für S mit geistiger Behinderung zu kreieren. Allerdings ist es wahrscheinlich, dass in Bereichen wie Berufsvorbereitung, lebenspraktischem Lernen etc. Dinge zu erarbeiten sind, die dann im Stundenplan parallel angelegt sein können.*	

Dagmar Brunsch, Sascha Ebel: Inklusion – was tun? – Sekundarstufe
© Persen Verlag

✔	C3 Unterricht 4/4	✐ Notizen und Hinweise z. B. D = dokumentiert, ← nachzuholen
◯	**Verlaufstransparenz** für die Schüler, z. B. Tafelanschrieb der geplanten Schritte zu Beginn jeder Stunde und ggf. Weitersetzen eines Magnetpfeils oder Abhaken nach jedem erledigten Arbeitsschritt	
◯	**Zieltransparenz** (Kompetenzen, Inhalte, Methoden) für die S. Wissen die S, welche Ziele sie erreichen sollen – in der jeweiligen Unterrichtsstunde? – in der jeweiligen Einheit? – im Schulhalbjahr? *Hinweis: Die Arbeit mit Checklisten hat sich in allen Bereichen bewährt.*	
◯	Akzeptanz von **nicht gelehrten Lernwegen**, soweit sie dem Unterrichtsziel dienen	
◯	Sicherung von **Erfolgserlebnissen aller Kinder** beim Lernen und Arbeiten in nahezu jeder Unterrichtsstunde durch aufmerksame Grundhaltung und Gegensteuerung, wenn erwartete Lernerfolge ausbleiben *Hinweis: Irgendetwas versteht jede und jeder S von neu angebotenen Lernstoffen. Aufgabe der Lehrkraft ist auch, geringe Fortschritte lobend zu betonen, in den Kontext einzuordnen und wertzuschätzen.*	
Evaluationsmöglichkeiten		
◯	**Kollegiale Hospitationen**, die ein gegenseitiges Feedback ermöglichen (am besten fest installiert)	
◯	Abfragen zur Unterrichtsqualität bei SuS und Eltern	
◯	Außensicht: Besteht die Möglichkeit, einen **hilfreichen Freund** zu engagieren, der ab und zu hospitiert oder bei Aktionen hilft und Entwicklungsimpulse gibt/geben könnte (z. B. ein ehemaliger Kollege, Lesehelfer)?	
◯	**Dokumentation** und **Präsentation** von Ergebnissen auch für andere soziale Gruppen (Parallelklassen, Schulgemeinschaft, Eltern, Presse, Altenwohnheim), Stellwände, Schaukästen, Aufführungen, Einladungen	

Checkliste: Lernstandsbeobachtung und -entwicklung

Checkliste für (Klasse / Team) _____

Erstellt am _____ durch _____

Wir haben an folgende Vorgehensweisen / Maßnahmen und Aspekte gedacht:

✔	C4 Lernstandsbeobachtung und -entwicklung 1/2	✎ Notizen und Hinweise z. B. D = dokumentiert, ← nachzuholen
○	**Zusammenarbeit mit den abgebenden Grundschulen initiieren und vertiefen:**	
	○ Ist **genug Zeit/Raum zur Vorbereitung** auf die Beschulung an der weiterführenden Schule und ggf. Hospitationen der zukünftigen Lehrkräfte in der Grundschule? *Hinweis: Der gelingende Übergang von der 4. in die 5. Grundschulklasse einer weiterführenden Schule hat bei SuS mit besonderen Bedarfen und Bedürfnissen eine herausragende Bedeutung.*	
	○ Ist genug Zeit für intensive Planungsgespräche mit den Erziehungsberechtigten berücksichtigt?	
	○ Ist genug Zeit für die ggf. notwendige Beantragung eines Einzelfallhelfers?	
○	Sind die **untergesetzlichen Regelungen** (Erlasse) des Bundeslandes zum Thema bekannt?	
Beobachtung und Dokumentation		
○	Erstellung und Bearbeitung von **Dokumentationsbögen** zur individuellen Lernentwicklung (ILE-Bericht, Förderpläne)	
	○ Findet eine **regelmäßige Überarbeitung**, Anpassung, Aktualisierung der Bögen bzw. der hinführenden Unterlagen statt?	
○	**Prozessorientierung.** Werden sowohl individuelle Lernstände dokumentiert, wie auch **individuelle Entwicklungspotenziale** vom Team der Lehrkräfte und Mitarbeiter ausgemacht und festgehalten?	
○	**Stärken der Stärken.** Gewährleistet die Dokumentation das Erfassen der Ressourcen und Kompetenzen und werden hieran Förderpläne im Sinne ressourcenorientierter Förderdiagnostik ausgerichtet?	
○	**Nutzung der Dokumentationen für das Planen und Umsetzen** von Unterrichtseinheiten und das Durchführen von Unterricht (Vermittlung der Ergebnisse aus Gegenstandsanalyse und Lernstandsanalyse)	

Dagmar Brunsch, Sascha Ebel: Inklusion – was tun? – Sekundarstufe
© Persen Verlag

✔	C4 Lernstandsbeobachtung und -entwicklung 2/2	✎ Notizen und Hinweise z. B. *D* = dokumentiert, ← nachzuholen
○	**Nutzung der Dokumentationen als Grundlage für Gespräche** wie Hilfeplangespräche, Förderkommissionen, Feststellung besonderer Unterstützungsbedarfe etc.	
○	**Selbstwahrnehmung der SuS:** Kommen die SuS selbst zu Wort? Wie nehmen sie ihre Entwicklung wahr? Was ist die Selbsteinschätzung der SuS? Wo könnte sich noch etwas verbessern an ihrer Förderung? Wird das (evtl. im Anhang) bereits dokumentiert?	
○	**Fremdwahrnehmung der SuS durch die Erziehungsberechtigten:** Kommen die Erziehungsberechtigten selbst zu Wort? Sind sie zufrieden mit den Fortschritten ihres Kindes? Wünschen sie sich andere Fördermaßnahmen?	
Dokumentation konkret		
○	Dokumentation des **Arbeits- und Sozialverhaltens** und diesbezügliche, individuelle Entwicklungsziele	
○	Dokumentation der **Entwicklung von Methodenkompetenz** *Hinweis: Vor allem wenn Methodenkompetenztage oder Methoden-Lernspiralen in der Schule durchgeführt werden, ist bereits eine genaue Dokumentation vorhanden.*	
○	Aussagen zur Lernausgangslage bezüglich der im Planungszeitraum **angestrebten Ziele und Kompetenzen**	
○	Aussagen zu den konkreten **Maßnahmen**, mit deren Hilfe die Ziele erreicht werden können	
○	Aussagen zu stattgefundener **Testdiagnostik**	
○	Aussagen zur Nutzung freiwilliger **Bildungsangebote**	
○	Aussagen zu den **Lernständen der Unterrichtsfächer** und auch fächerübergreifend deutlich werdender sprachlicher und mathematischer Kompetenzen, zum Abschneiden in Lernstandskontrollen, Lernentwicklungskontrollen	
○	Dokumentation der **schulärztlichen Untersuchung**, ggf. Informationen über Therapien wie Ergotherapie, Logopädie, Psychotherapie, Krankengymnastik	
○	Bestimmung einer **zuständigen Lehrkraft**, die die Bearbeitung / Aktualisierung der Dokumentationen zusätzlich begleitet	

Checkliste: Kooperation zwischen Regelschul- und Förderschullehrkraft

Checkliste für (Klasse / Team) _____

Erstellt am _____   durch _____

Wir haben an folgende Vorgehensweisen / Maßnahmen und Aspekte gedacht:

✔	C5 Kooperation Regelschul-/ Förderschullehrkraft 1/4	✐ Notizen und Hinweise z. B. D = dokumentiert, ← nachzuholen
○	**Mögliche Formen der Zusammenarbeit und Arbeitsteilung in Beratung, Unterstützung, Organisation:**	
	○ Installation eines **Spezialisten** für verschiedene inhaltliche Bereiche (Überschneidungsbereiche u. a.: Personalmanagement der Schulleitung, Fortbildungskonzept der Schule)	
	○ **Wissen multiplizieren** und Beratung anbieten	
	○ **Aufgaben begleiten**, spezielle Förderungen wie LRS-Förderung anbieten oder Förderpläne für Asperger-Autisten erstellen	
	○ **pädagogische und organisatorische Maßnahmen** z. B. Eltern zeitnah anrufen bei unentschuldigtem Nichterscheinen des S in der Schule	
	○ **Lernstandsberichte**, die von allen unterrichtenden Lehrkräften erstellt sind	
	○ **Klassenbuch** und die Wochenpläne pflegen	
	○ Vorbereitung des Aufsuchens **außerschulischer Lernorte**, Vorbereiten von Ausflügen (Telefonate, Material etc.)	
	○ **Elternabend/Elterninfoveranstaltung** vorbereiten und moderieren	
	○ Begleitung bei besonderen **Elterngesprächen**	
	○ Einrichtung paralleler **Telefonsprechzeiten** der Lehrkräfte (z. B.: Di., 18–19 Uhr). Diese ersetzen zwar keine Konferenzschaltung, vereinfachen aber Rücksprachen und Planungen mehrerer Teammitglieder untereinander und mit den Eltern.	
	○ **Teilnahme** an schulischen und außerschulischen Ausschüssen, Gremien, Runden Tischen zur Inklusion	

Dagmar Brunsch, Sascha Ebel: Inklusion – was tun? – Sekundarstufe
© Persen Verlag

✔	C5 Kooperation Regelschul-/ Förderschullehrkraft 2/4	✎ Notizen und Hinweise z. B. D = dokumentiert, ← nachzuholen
○	**Mögliche Formen der Zusammenarbeit im gemeinsamen Klassenraum:**	
	○ Eine Lehrkraft unterrichtet, eine beobachtet. *Hinweis: Beobachtungsauftrag vorher genau absprechen und einhalten. Es sollten sowohl Förderschullehrkraft als auch Regelschullehrkraft die Möglichkeit erhalten, jede der beiden Positionen ein Mal einzunehmen, was für alle nachfolgenden Formen der Zusammenarbeit gilt.*	
	○ Eine Lehrkraft unterrichtet, eine unterstützt sie und hilft den SuS, die besondere Begleitung benötigen.	
	○ Beide Lehrkräfte unterrichten zusammen, übernehmen ihrer Planung gemäß einzelne Teile der Instruktion, der Hilfestellung, führen auch durch einen vorbereiteten Dialog/ein kleines Anspiel in ein Thema ein oder pointieren dieses.	
	○ Beide Lehrkräfte bieten aus einer Problemstellung heraus verschiedene Aufgaben an und führen diese anschließend zusammen, wobei alle Aufgaben durch stationsinterne Differenzierung für alle SuS gleichermaßen zu bearbeiten sein können oder aber im Schwierigkeitsgrad variieren. *Hinweis: Nicht jeder muss alle Stationen schaffen oder es gibt Stationen, die von vornherein nur verschiedenen SuS angeboten werden.*	
○	**Mögliche Formen der Zusammenarbeit in getrennten Räumlichkeiten:**	
	○ verschiedene Leistungsgruppen phasenweise in unterschiedlichen Räumen unterrichten, z. B. theoretische Vertiefung und Transfer versus praktische Vertiefung und Wiederholung eines Themas	
	○ phasenweise eine Kleingruppe mit einer Sonderaufgabe/Forscheraufgabe im Nebenraum oder Differenzierungsraum unterrichten *Hinweis: In dieser Kleingruppe sollten nicht immer die gleichen SuS arbeiten. Es kann je nach Aufgabenstellung oder auch Tagesformabhängigkeit sowie natürlich auch einer Wahlmöglichkeit der SuS entschieden werden.*	

✔	C5 Kooperation Regelschul-/ Förderschullehrkraft 3/4	✎ Notizen und Hinweise z. B. D = dokumentiert, ← nachzuholen
◯	**Regelmäßige Teamzeiten:** Gemeinsamer Unterricht braucht gemeinsame Absprache. Unterrichtsplanung, mittelfristige Planung von Unternehmungen, Umstrukturierungen, Fallgespräche, gegenseitige Ermutigung und Entlastung, Klärung von Kooperationsunstimmigkeiten brauchen eine feste Zeit im Stundenplan.	
◯	**Kollegiale Beratung oder andere Beratungsverfahren.** Gerade in den ersten Jahren der Einführung von inklusiven Prozessen ist es hilfreich, eine erweiterte Runde und ein geübtes Verfahren zur Klärung von Problemlagen installiert zu haben.	
◯	Gespräche über das berufliche Selbstverständnis, **Festlegung der Zuständigkeiten**, Verantwortlichkeiten, Rollen und Aufgaben *Hinweis: Diese können beispielsweise im oder unter dem Stundenplan vermerkt sein. Sie sollten in jedem Fall der Schulöffentlichkeit in den Gremien vorgestellt werden.*	
◯	**Gute Arbeitsatmosphäre.** Bei gelingender Kooperation, also wenn sich beide Lehrkräfte oder bei größeren Teams alle Lehrkräfte in der Zusammenarbeit wohlfühlen und die jeweilige Stunde gut geplant wurde, besteht die wunderbare Chance, ohne Zutun der SuS, bereits einführend eine gute Arbeitsatmosphäre ausstrahlen zu können. *Hinweis: Die Kehrseite ist die Gefahr intensiver Gespräche zwischen den Lehrkräften, meist beginnend in Stillarbeitsphasen, die jedoch im Unterricht stören und auch nicht den Raum und die Konzentration bekommen können, die sie bräuchten.*	
◯	**Beachtung verschiedener Professionen und Positionen.** Strukturelle Probleme verschiedener Posten wie unterschiedliche Bezahlung, unterschiedliche Belastungssituationen etc. (soweit vorhanden) nicht zum zwischenmenschlichen Problem werden lassen	
◯	**Stärkung des Teamgeistes:** Verbringen von wohldosierten (halb-)privaten Momenten miteinander, die unabhängig von den drängenden Alltagsfragen und -aufgaben sind *Hinweis: Ob es die Blume zum Geburtstag ist, das gemeinsame Essen an einem Wochenende oder die gemeinsame Fortbildung zu einem Thema, das zwar beruflich motiviert ist, aber nicht gerade unter den Nägeln brennt: All diese Begegnungen vertiefen, wenn sie emotional als positiv erlebt werden, den Teamgeist. Deshalb ist wie bei allen Teamprozessen wichtig, dass alle mitmachen können und wirklich mögen und dass privat entstandene Unstimmigkeiten nicht belastend werden. Weniger ist eventuell mehr, ganz ohne geht es aber nicht.*	

Dagmar Brunsch, Sascha Ebel: Inklusion – was tun? – Sekundarstufe
© Persen Verlag

✔	C5 Kooperation Regelschul-/ Förderschullehrkraft 4/4	✏ Notizen und Hinweise z.B. *D* = dokumentiert, ← nachzuholen
○	**Bildung einer Fachkonferenz „Inklusion":**	
	○ um eine Interessenvertretung für Themenfelder der schulischen Inklusion gegenüber anderen Gremien, Schulleitung usw. zu haben	
	○ als Ort des Fach- und Erfahrungsaustausches für alle Lehrkräfte, die mit SuS mit Bedarf an sonderpädagogischer Unterstützung arbeiten	
	○ zur Erörterung der Rahmenbedingungen und zur Weiterentwicklung der Inklusion an der eigenen Schule	
	○ als möglicher Zugang zu einem eigenen Etat für sonderpädagogische Anschaffungen	
○	**Klassenlehrerteam.** Wenn mehrere SuS mit Bedarf an sonderpädagogischer Unterstützung in einer Klasse sind und entsprechend viele Unterrichtsstunden eine Förderschullehrkraft mit unterrichtet, ist es sinnvoll, die Klassenführung gemeinsam in einem Klassenlehrerteam wahrzunehmen, um Verantwortlichkeiten zu teilen.	
○	**Anerkennung und Entlastung für die Klassenlehrkräfte:**	
	○ eine verpflichtende Teilnahme an einer anderen Fachkonferenz weniger durch die Teilnahme an der Fachkonferenz „Inklusion"	
	○ Entlastung bei der Aufsichtsverpflichtung	
	○ Ermöglichung von gemeinsamen „Springstunden" für Regelschul- und Förderschullehrkräfte, um zusätzliche Zeit für den fachlichen Austausch und Absprachen zu haben	
○	**Blick über den Tellerrand.** Hospitation und fachlicher Austausch mit anderen Schulen und Lehrkräften (Regelschul- und Förderschullehrkräfte)	
○	**Förderpläne.** Gemeinsame Erarbeitung und Fortschreibung von Förderplänen für SuS mit Bedarf an sonderpädagogischer Unterstützung	

Checkliste: Integrationsassistent / Einzelfallhelfer

Checkliste für (Klasse / Team) _____

Erstellt am _____ durch _____

Wir haben an folgende Vorgehensweisen / Maßnahmen und Aspekte gedacht:

✔	C6 Integrationsassistent / Einzelfallhelfer 1/2	✎ Notizen und Hinweise z. B. *D* = dokumentiert, ← nachzuholen
◯	Vor dem ersten Schultag findet ein **Erstgespräch** zwischen dem Integrationsassistenten, den Lehrkräften und ggf. den Eltern sowie der entsendenden Institution statt, um sich über die Rahmen- und Gelingensbedingungen für eine erfolgreiche Beschulung auszutauschen. *Hinweis: Die Zusammenarbeit zwischen den Lehrkräften und dem Integrationsassistenten findet auf einer Ebene gegenseitigen Respekts und in Anerkennung der jeweiligen Fachkompetenz statt. Offenheit bildet die Grundlage für die kollegiale Zusammenarbeit zwischen den Lehrkräften und dem Integrationsassistenten zum Wohl des betroffenen Schülers.*	
◯	Die Lehrkräfte und der Integrationsassistent arbeiten jeweils **eng mit den Eltern zusammen**; Form und Inhalte der Elternarbeit sind verbindlich abgesprochen. *Hinweis: Für den Kontakt zwischen Eltern, Lehrkräften und dem Integrationsassistenten hat sich ein Mitteilungsheft bewährt.*	
◯	Der Integrationsassistent hat in der Schule ein **Postfach** sowie Zugang zum Lehrerzimmer, Kopierer und zu notwendigen Unterrichtsmaterialien sowie einen **Schlüssel** für die Lehrertoilette, Gruppen- und Klassenräume. *Hinweis: Ggf. kann es sinnvoll sein, dass dem Integrationsassistenten ein Schulbuchsatz der jeweiligen Klassenstufe zur Verfügung gestellt wird.*	
◯	Absicherung von datenschutzrechtlichen Bedenken durch Unterzeichnung einer Verschwiegenheitserklärung, s. länderrechtliche Regelungen	
◯	Integrationsassistenten sind in die **Personaladressliste** und dem **E-Mail-Verteiler** für schulinterne Nachrichten und Informationen aufgenommen.	

Dagmar Brunsch, Sascha Ebel: Inklusion – was tun? – Sekundarstufe
© Persen Verlag

✔	C6 Integrationsassistent / Einzelfallhelfer 2/2	✎ Notizen und Hinweise z. B. D = dokumentiert, ← nachzuholen
○	Die Lehrkräfte und der Integrationsassistent legen in gemeinsamer **Absprache** die Modalitäten des Lernens und den Bedarf des S an Differenzierung und Unterstützung im Unterricht fest. *Hinweis: Die Verantwortung für die Stoffvermittlung liegt ausschließlich bei den Lehrkräften.* *Der Integrationsassistent ist keine „Hilfslehrkraft".*	
○	Mindestens einmal halbjährlich, z. B. vor den Halbjahreszeugnissen, finden **Reflexionsgespräche** zwischen Lehrkräften, dem Integrationsassistenten und den Eltern zur Entwicklung des betroffenen S statt; Gesprächsinhalte und -absprachen werden schriftlich festgehalten.	
○	Fragen und Konflikte in der Zusammenarbeit werden frühzeitig angesprochen.	
○	Teilnahme des Integrationsassistenten an Klassenfahrten und Exkursionen frühzeitig planen. Die Anrechnung von Arbeitszeiten sowie die Finanzierung von Unterkunft, Verpflegung und Fahrtkosten sind durch die Kostenträger zu genehmigen.	

Checkliste: Elternarbeit

Checkliste für (Klasse / Team) _____

Erstellt am _____ durch _____

Wir haben an folgende Vorgehensweisen / Maßnahmen und Aspekte gedacht:

✔	C7 Elternarbeit 1/4	🖉 **Notizen und Hinweise** z. B. D = dokumentiert, ← nachzuholen
○	**Beachtung Unterschied zwischen der eigenen Lebenswelt und der der Erziehungsberechtigten.** Oft bestehen Unterschiede in Bildung, Einkommen, Familiengröße, Werten und Haltungen des sozialen Umfeldes. Regeln, Rollen und Aufgaben der Jugendlichen sowie die Alltagsprobleme sind vielleicht verschieden. *Hinweis: Das ist wichtig zum Verstehen der Probleme und zum Entwickeln weiterführender Sichtweisen und Hilfen.*	
○	**Beachtung des Bildes, das die Erziehungsberechtigten von der Inklusion haben.** Es entscheidet vielleicht bei den ersten Schwierigkeiten mit, welche Probleme vom Lehrerteam in der Elternarbeit zu bearbeiten sind und in welcher Heftigkeit sie auftreten. Wenn Eltern im Vorfeld für die Ziele der Inklusion gewonnen werden können, tragen sie sicher auch Startprobleme mit. Eltern und SuS sind die falschen Adressaten für Klagen um bessere finanzielle und personelle Ausstattung der Inklusion. Den Eltern kann und muss aber auch abverlangt werden zu akzeptieren, dass sich Lehrkräfte verantwortlich um alle SuS kümmern müssen und eventuell andere SuS „mehr Fürsorge" abbekommen als die eigenen Kinder.	
○	**Unbedingte Achtung der Erziehungsberechtigten und wertschätzende Anerkennung der Eltern-Kind-Beziehung.** Bei allen kurzfristigen Vorteilen – wer im Lehrerzimmer zu intensiv und zu oft schimpft und mitschimpft über Eltern und wer völliges Unverständnis teilt mit Kolleginnen und Kollegen, belastet sich zusätzlich und erschwert gelingenden Dialog. *Dazu folgende Hinweise:* *Kinder und auch Jugendliche lieben ihre Eltern grundsätzlich. SuS, die merken, dass sie Eltern haben, die den allgemeinen Anforderungen eher nicht gerecht werden, beginnen, diese zu schützen. Die Lehrkraft hilft kaum, wenn sie z. B. verständnisvoll sagt: „Ich weiß ja. Du kannst nichts dafür, dass deine Eltern dich nicht wecken … das Geld geben …" Das Kind ist dann vielmehr in dem emotionalen Konflikt, einerseits zu spüren, dass es die Lehrkraft gut meint, was sehr gut tut, aber gleichzeitig verbunden ist mit einem Angriff auf die Eltern, der abgewehrt werden muss.*	

Dagmar Brunsch, Sascha Ebel: Inklusion – was tun? – Sekundarstufe
© Persen Verlag

✔	C7 Elternarbeit 2/4	✎ Notizen und Hinweise z. B. *D* = dokumentiert, ← nachzuholen
	Eltern lieben ihr Kind, auch wenn das im Einzelfall schwer zu erkennen sein mag. Die Elternliebe ist anzuerkennen, auch und gerade dann, wenn es Eltern nicht gelingt, ausreichend für ihr Kind zu sorgen. Das heißt nicht, dass ein konkretes Vorgehen gebilligt wird. Es sollte aber keine das Kind schädigende Absicht unterstellt werden.	
○	Die **Eltern haben oft weniger Einfluss** auf das Verhalten der Jugendlichen als das noch in den ersten Schuljahren der Fall war. Das wollen Eltern aber nicht immer wahrhaben und schon gar nicht öffentlich zugeben. Ein vorsichtiger Umgang oder gar Vermeiden von offen oder verdeckt durch die Lehrkräfte an die Eltern herangetragenen Veränderungsappellen bringt Eltern nicht in die missliche Lage, der Lehrkraft Zusagen zu machen, die allenfalls gewaltsam umsetzbar sind zu Hause. *Lösungsmöglichkeit: Aufzeigen der gemeinsamen Perspektive im Umgang mit der/dem Jugendlichen, gemeinsam „Grenzen setzen" und auch „Aushalten der/des Pubertierenden" sowie Betonung der Entwicklungschancen in und nach der Pubertät. Oft liegt der Schlüssel zum Erfolg bei Erziehungsproblemen in gelungener Vernetzung mit weiteren Institutionen und Einrichtungen.*	
○	**Anlassorientiertes Vorgehen bei Konsultierung:**	
	○ Es sollten Gesprächstermine vereinbart werden. *Hinweis: Telefon- sowie Tür-und-Angel-Gespräche bergen oft Konfliktpotenzial!*	
	○ Bei Beschwerden und Wünschen, die den S betreffen, sollte dieser beim Gespräch auch anwesend sein. *Nur so lassen sich Sachverhalte auf den Punkt bringen – unter Berücksichtigung allen Wissens über die Konstruiertheit einer jeden Wahrnehmung aller.*	
	○ Bei persönlicher Kritik möglichst nicht aufregen. *Dinge, die von Erziehungsberechtigten unpassend oder ungeschickt vorgetragen werden, können trotzdem kritikwürdig sein.*	
○	**Mentale Vorbereitung eines Elternabends zur Inklusion.** Die Lehrkräfte können sich unter anderem auf folgende Nachfragen einstellen und sich vorab positionieren: – Wenn SuS mit besonderen Bedürfnissen in der Klasse unterrichtet werden, reicht die Zeit nicht mehr, den anderen SuS den Unterrichtsstoff zu erklären und zu wiederholen.	

Dagmar Brunsch, Sascha Ebel: Inklusion – was tun? – Sekundarstufe
© Persen Verlag

✔	**C7 Elternarbeit** 3/4	✐ **Notizen und Hinweise** z. B. 𝒟 = dokumentiert, ← nachzuholen
	– Alle SuS sind durch die verschiedenen Verhaltensweisen, Bearbeitungsweisen und Aufgabenarten abgelenkt und erreichen nicht mehr den Wissens- und Kompetenzzuwachs wie bisher. – Die Zensuren werden leiden und die Schulabschlüsse werden schlechter ausfallen als sonst. – Es wird weniger Zeit für Förderung begabter SuS geben. – Freundliche SuS werden zu Helfern instrumentalisiert und ihr eigenes Recht auf Bildung leidet. – Die Lehrkräfte und Schulen sind nicht ausreichend ausgebildet und Förderschullehrerstunden gibt es zu wenig. – Die Gesellschaft selektiert permanent, wieso derart arbeitsintensive Illusionen im Schulsystem aufbauen? – Die auffälligen SuS werden sicher früher oder später sozial ausgegrenzt werden.	
○	**Kenntnis einiger Grundsätze und Verfahrensweisen nicht direktiv vorgehender Beratungsmethoden.** *Beispiele: z. B. aus der nondirektiven Gesprächsführung nach Carl Rogers oder den Modellen kollegialer Beratung wie „Kollegiale Beratung und Supervision" (KoBeSu). Zu nennen sind Methoden wie das Paraphrasieren und eine persönliche Haltung, die von Wertschätzung und Echtheit/Kongruenz geprägt sind.*	
○	**Kenntnis einiger theoretischer psychologischer Grundlagen** ungünstiger gegenseitiger Beeinflussungen und Rollenverhaftungen zwischen den Eltern (oder in Eltern ähnlicher Konstellation lebenden Erziehungsberechtigten) und dem S. Aus systemischer Sicht kann beispielsweise die Beziehung dahingehend beeinträchtigt sein, dass – der S mit in die Beziehung der Erziehungsberechtigten gleichbedeutend einbezogen wird, weil die Paarbeziehung nicht ausreichend positiv besetzt ist und/oder nicht dominiert. Der S verbündet sich mit einem Elternteil gegen den anderen oder er übernimmt die Probleme des unterlegenen und ausgeschlossenen Elternteils. – die Eltern Halt beim S suchen und dieser sich „verbiegt", um den Anforderungen gerecht zu werden. Aus diesen und anderen „Schieflagen" heraus handeln sowohl der S als auch die Eltern oft anders, als das beispielsweise bei der Besprechung eines schulischen Problems angemessen wäre, bzw. die im schulischen Gespräch vertretenen Sichtweisen/Berichte treffen nur eingeschränkt zu. Abmachungen können eventuell nicht wie abgesprochen von den Eltern umgesetzt werden, obwohl sie das wollen, weil die Familienstrukturen es schlichtweg nicht ermöglichen.	

Dagmar Brunsch, Sascha Ebel: Inklusion – was tun? – Sekundarstufe
© Persen Verlag

✔	C7 Elternarbeit 4/4	🖉 Notizen und Hinweise z.B. D = dokumentiert, ← nachzuholen
○	**Trennung von Sachlage und emotionaler Bewertung derselben.** Professionelles Handeln bedeutet auch, den eigenen emotionalen Anteil reflektieren. Nur durch die Dialektik, einerseits der Empathie Raum zu geben und authentisch mitzuspüren und andererseits eine professionelle Distanz zur Thematik aufzubauen und zu erhalten, rücken Lösungsmöglichkeiten und Kompromisse ins Blickfeld.	
○	**Zusicherung von Diskretion zu Beginn des Gesprächs.** *Hinweis: Wenn in sehr seltenen Fällen unbedingt gehandelt werden muss (z.B. Weiterleitung von Informationen an die Schulleitung, das Jugendamt, die Polizei), dann sollten die Erziehungsberechtigten zum einen darüber informiert werden, dass die Schule diese Informationen nicht geheim halten kann und zum anderen dahingehend beraten werden, die Informationen selbst an die entsprechenden Stellen weiterzugeben.*	
○	**Das Gespräch aktiv leiten.** Aufgaben sind dabei: – Strukturieren, aktiv zuhören, die Meinung des Gegenübers zusammenfassend wiedergeben: „Sie möchten, dass …/Sie sind gekommen , weil …" – Ideen zur Problemlösung erfragen und anbieten – Das weitere Vorgehen schriftlich festhalten – Eine terminierte Rückmeldung zur Verständigung über die Weiterentwicklung des Problems oder eben seiner Lösung bzw. zur Wirksamkeitskontrolle der getroffenen Maßnahmen vereinbaren	
○	**Grenzsetzung. Bestimmten Themen sollte kein Raum eingeräumt werden:** Rassistische, sexuelle, diskriminierende und Gewalt verherrlichende Äußerungen, klare Beleidigungen der eigenen Person, von Kolleginnen und Kollegen, anderen Eltern und Schülern dürfen nicht hingenommen werden. *Hinweis: Manchmal sind Missverständnisse Ausdruck unterschiedlicher Sprachstile und Milieus. Das ist zu klären! Eine klare Ansage, die eine diskriminierende Aussage als solche benennt und untersagt, ist oft hilfreich und führt zum Einlenken. Anderenfalls muss das Gespräch an anderer Stelle fortgesetzt werden. Notizen über den Gesprächsverlauf und Planung weiterer Schritte!*	
○	Festlegung und Kommunikation von **Beschwerdewegen**	

Checkliste: Interkulturelle Arbeit

Checkliste für _____, geb.: _____

Erstellt am _____ durch _____

Wir haben an folgende Vorgehensweisen / Maßnahmen und Aspekte gedacht:

✔	C8 Interkulturelle Arbeit 1/3	✎ Notizen und Hinweise z.B. D = dokumentiert, ← nachzuholen
	Allgemein / Präventivmaßnahmen	
○	**Beachtung der Bedürfnisse verschiedener Religionen, Nationalitäten, Bevölkerungsgruppen oder Subkulturen**, soweit diese nicht mit rechtlich-organisatorischen Vorgaben und den Rechten anderer Gemeinschaften kollidieren *Beispiel: Wer in der Lerngruppe empfindet vermutlich eine große Diskrepanz zwischen Normen und Denkweisen des Elternhauses und der Schule? Wie gelingt es dem S beide „Welten" zu vermitteln? Sollten und können wir direkt / indirekt Hilfe anbieten?*	
○	**Vorsicht walten lassen beim Konservieren bestimmter (wohlgemeinter) Vorurteile.** Auch innerhalb der Kultur und den Lebensgewohnheiten von einzelnen Volksgruppen, Zusammenschlüssen und Religionen finden Modernisierungs- und Veränderungsprozesse statt. *Beispiel: Es kann für ein muslimisches Mädchen belastend sein, eventuell sogar Unselbstständigkeit und Unsicherheit fördern, wenn es sich wiederholt damit auseinandersetzen muss, dass die Lehrkräfte um seine vielleicht gar nicht bedrohten schulischen und persönlichen Entfaltungsmöglichkeiten fürchten. Für einen Sinto kann es sehr wichtig sein, seine Kultur und Sprache im Verborgenen zu pflegen, wie es bisher auf Grund der vielen Gefahren – beispielsweise der Ermordungen im Dritten Reich, aber auch viel weiter zurückreichender Verfolgung – eher üblich war. Es gibt aber auch Bestrebungen, die Kultur der Sinti öffentlich bekannter zu machen und damit einer Begegnung mit anderen Kulturen zu öffnen.*	
○	**Vermeidung von Polarisierung.** Jugendliche aus anderen Ländern bzw. mit Eltern aus anderen Herkunftsländern nicht automatisch als Repräsentanten dieser Kultur ansehen	
○	**Menschenrechte als Basis übergreifender Werte im Unterricht vermitteln.** Dazu gehören die explizite Erarbeitung der Werte im Unterricht und das Einüben und Praktizieren im Unterricht sowie in unterrichtsnahen Situationen. Menschenrechtsorganisationen wie Amnesty International können eingeladen werden und ggf. gemeinsam mit der Schülerschaft Grundsätze oder Hilfen erarbeiten.	

Dagmar Brunsch, Sascha Ebel: Inklusion – was tun? – Sekundarstufe
© Persen Verlag

✔	C8 Interkulturelle Arbeit 2/3	🖉 Notizen und Hinweise z. B. D = dokumentiert, ← nachzuholen
	Die Vermittlung von Menschenrechten geht aber über kognitive Wissensvermittlung hinaus. Vielmehr beinhaltet sie das ethisch verantwortliche und couragierte Handeln und Verhalten aller Lehrkräfte und Mitarbeiter der Institution sowie das Einfordern eines adäquaten Verhaltens der Schülerschaft untereinander und gegenüber allen Lehrkräften und Mitarbeitern im Alltag. *Hinweis: Siehe auch die Empfehlungen der Kultusministerkonferenz zur Förderung der Menschenrechtserziehung in der Schule*	
○	Ein an unterschiedlichen Kulturen interessiertes, **offenes Schulklima** (siehe dazu auch Checkliste C1)	
	○ Schülerfirmen, die zum Beispiel in Kooperation mit einem Stadtteilzentrum oder ähnlichen Einrichtungen an einem Nachmittag der Woche ein internationales Müttercafe als Treffpunkt für den Stadtteil anbieten, mit betreuten Spielangeboten für Kleinkinder oder PC-Grundlagentrainings in verschiedenen Muttersprachen (je nach herkunftsbedingten Schülerkompetenzen) etc.	
	○ Weltoffene Arbeitsgemeinschaften von „Chinesisch für Anfänger" über „Internationales Kochen" bis „Weltpolitik aktuell (Blitzlicht in der Schülerzeitung)"	
○	**Feiern, Feste, Projektwochen.** Diese bieten sich an, um interkulturelle Offenheit zu zeigen und zu leben sowie kulturelles Wissen zu vermitteln, zum Beispiel:	
	○ Schulfeste, Schulkonzerte, Theaterdarbietungen nach die Verständigung fördernden oder kulturelle Vielfalt zulassenden Themen wie „Eine-Welt-Fest" oder „Fremdsein" planen und ausgestalten	
	○ Regionale und überregionale Feste christlicher und anderer einheimischer Kulturen in der Klasse ansprechen	
	○ Wichtige Feste weiterer Kulturen im Jahreslauf erwähnen und betroffene Schülerinnen und Schüler erzählen lassen, wenn sie selbst einen Mitteilungswunsch haben!	
	○ Projektwochen unter ein interkulturell interessantes Thema stellen	
	○ Kulturelle Verschiedenheiten im Fachunterricht mitdenken und mit erwähnen, beispielsweise bei der Betrachtung des international doch sehr verschiedenen Umgangs mit Energieressourcen	

✔	**C8 Interkulturelle Arbeit** 3/3	🖉 **Notizen und Hinweise** z. B. _D_ = dokumentiert, ← nachzuholen
○	**Präsentationen aus anderen Kulturen**, zum Beispiel durch **fremdsprachliche Kurztexte** und Fotos **von** wichtigen **Persönlichkeiten aus anderen Nationen** auf den Fluren der Schule oder in der Aula, vielleicht ausgewählt durch ein Rankingverfahren, organisiert durch die Schülervertretung	
○	**Nutzung des Internets** im Unterricht **bei Nachfragen** an verschiedene **Kulturen, Religionen** etc.	
○	Nutzung von **Schulbüchern und ergänzenden Medien**, in denen ein breites kulturelles Spektrum dargestellt ist	
○	Nutzung von Experten. Es gibt **Programme und Konzepte zur interkulturellen Bildung** wie z. B. „Eine Welt der Vielfalt".	
○	Pflegen von **Schulpatenschaften** mit Institutionen anderer Länder	
○	Teilnahme an **Wettbewerben** und Ausschreibungen für Auszeichnungen, die das **Miteinander verschiedener Kulturen** zum Thema haben	
○	**Multikulturelle Vernetzung** im Stadtteil (Kooperationen, gemeinsame Projekte mit freien und staatlichen Trägern und Einrichtungen)	
○	Erstellung von **Pressemitteilung** bei der Durchführung **multikultureller Projekte** etc.	

Dagmar Brunsch, Sascha Ebel: Inklusion – was tun? – Sekundarstufe
© Persen Verlag

Checkliste: Umgang mit Armut

Checkliste für (Klasse / Team) _____

Erstellt am _____ durch _____

Wir haben an folgende Vorgehensweisen / Maßnahmen und Aspekte gedacht:

✔	C9 Umgang mit Armut 1/3	✎ **Notizen und Hinweise** z. B. D = dokumentiert, ← nachzuholen
○	**Definition von Armut erweitern.** Die offizielle Definition von Armut in erweiterter Perspektive betrachten. Die Uno unterscheidet absolute Armut – selten in Deutschland – und relative Armut, die häufiger vorkommt. Jedoch ist auch dann die Versorgung eines Kindes als unzureichend und das Kind damit als arm zu bezeichnen, wenn den Eltern zwar genug Einkommen zur Verfügung steht, aber zu wenig Geld für das Kind ausgegeben wird, eine unregelmäßige Versorgung stattfindet oder das Kind mit den „falschen" Gütern bedacht wird. Jugendliche brauchen Taschengeld zur eigenen Verfügung.	
	○ Wer aus der Klasse kann (vermutlich) als „arm" bezeichnet werden?	
	○ Wo ist eventuell versteckte oder getarnte Armut vorhanden?	
○	Offene Ohren und Augen für mögliche **Selbstschutzbemühungen der von Armut betroffenen SuS** gegen Überforderung durch schulische Belange – vor allem bei primär **sozialer Auswirkung von Armut** *Hinweis: Hierunter ist vor allem zu verstehen: Vernachlässigung, keinen Vertrauten zum Besprechen von Sorgen und Problemen zu haben, überfordernde Verantwortung für kleinere Geschwister, keine Rückzugsmöglichkeit in der Wohnung, Krisenbewältigungshilfe für die Eltern leisten müssen, Unterhalt durch Nebenjobs oder andere Beschaffungen miterwirtschaften.*	
	Gibt es Probleme/Stresssymptome in Bezug auf:	
	○ regelmäßige Hausaufgaben?	
	○ Ordnung, Pflege, Dabeihaben von Schulmaterial?	
	○ Abgabe und Rücklauf von Elterninfobriefen etc.?	
	○ die Anpassung des Verhaltens an die Regeln der Klasse und Schule (Frustrationstoleranz, Vertrauen, Problembewältigungsstrategien, Hilfe holen)?	

✔	C9 Umgang mit Armut 2/3	✎ Notizen und Hinweise z. B. D = dokumentiert, ← nachzuholen
	○ das Feststellen einer Wertedifferenz zwischen dem Milieu anderer Mitschüler sowie deren Eltern und dem der „armen" SuS? *Beispiel: Keine gegenseitigen Besuche, gemeinsame Pausen- und Freizeitgestaltung*	
○	offene Ohren und Augen für Selbstschutzbemühungen der „armen" SuS bei Überforderung durch schulische Belange – vor allem bei primär **finanzieller Auswirkung** von Armut *Hinweis: Generell geringe finanzielle Kaufkraft, evtl. Engpässe aufgrund fehlender Rücklagen, Sog von Kleinkriminalität auf die SuS (Diebstähle), fehlende Pausenverpflegung*	
	Mögliche Maßnahmen könnten sein:	
	○ Arbeit mit der Gesamtgruppe an Interesse und Wohlwollen gegenüber Menschen, die zunächst „anders" erscheinen	
	○ Sicherstellung von Frühstücksmöglichkeiten (einfache Butterbrote und Mineralwasser, finanziert aus Spendengeldern oder Fördervereinsgeldern)	
	○ gesponserte Teilnahme an der Mittagsverpflegung *Hunger ist oft der Auslöser für Verhaltensprobleme und erschwert Lernprozesse!*	
	○ Sicherstellung einer Finanzierung der Teilnahme an Schulveranstaltungen durch Fremdfinanzierung (Sozialamt, Förderverein, Spenden …)	
	○ Überlegung zur Einführung einer Schuluniform	
○	Selbstreflexion: Auseinandersetzung mit der **Wirkung der eigenen Rolle**. Starke und richtungweisende, aber gleichzeitig interessiert zugewandte, empathische und wertschätzende Lehrkräfte sind Vorbild für gelingende Berufsausübung und Lebensbewältigung sowie ggf. Grund der Ergänzung/Relativierung eines anderen Wertesystems. Primär mitleidvolle oder unempathisch strenge Lehrkräfte sind oft wenig hilfreich.	
○	Beachtung der **Solidarität und der Verbundenheit**, die Kinder mit ihren Eltern empfinden. Diese Gefühle sollten keinesfalls hintergangen werden, Formulierungen sollten so gewählt werden, dass das Ansehen der Erziehungsberechtigten nicht geschädigt wird!	

Dagmar Brunsch, Sascha Ebel: Inklusion – was tun? – Sekundarstufe
© Persen Verlag

✔	**C9 Umgang mit Armut** 3/3	🖉 **Notizen und Hinweise** z. B. D = dokumentiert, ← nachzuholen
○	Vorsichtige, **empathische Konfrontation** der Erziehungsberechtigten eines (vermutlich) unter Armut oder ihrer Tarnung leidenden SuS mit der Problematik, damit es nicht zu einer Dialogverweigerung oder Kompromittierung kommt, eine Lösungsfindung aber ermöglicht wird. Unterstützung bei der Hilfesuche der Eltern beim Jugendamt/Sozialamt etc. durch Dringlichkeitsbestätigung, Telefonat, Bericht	
○	**Zusammenarbeit der Schule** mit Jugendzentren, Freiwilligendiensten, Wohltätigkeitsorganisationen oder mit paritätischen Verbänden etc.	

Checkliste: Förderschwerpunkt Emotionale und Soziale Entwicklung

Checkliste für _____ , geb.: _____

Erstellt am _____ durch _____

Wir haben an folgende Vorgehensweisen / Maßnahmen und Aspekte gedacht:

✔	C10 Emotionale/Soziale Entwicklung 1/8	✐ **Notizen und Hinweise** z.B. *D* = dokumentiert, ← nachzuholen
Allgemein / Präventivmaßnahmen		
○	Wichtigkeit eines **guten, solidarischen Klimas der Kollegen und Kolleginnen** untereinander *Hinweis: Die Beschulung von verhaltensschwierigen SuS belastet das berufliche Selbstverständnis der betroffenen Lehrkräfte z. T. erheblich. Es kann aber auch zu verkrampfter Stringenz sowie einseitiger Sicht- und Handlungsweise kommen. Gute Kollegen bieten unersetzlichen Halt, Entlastung sowie Ermutigung nach den Bedürfnissen der Betroffenen. Ist das allgemeine Klima im Kollegium von Hilfe bieten und Hilfe annehmen geprägt, fällt es der Lehrkraft auch leichter, eigene Unzulänglichkeit zuzugeben und Unterstützung zuzulassen.*	
○	**Humor zeigen.** Es ist im Umgang mit außergewöhnlichen Menschen sehr hilfreich, eine humorvolle Grundeinstellung zu haben und über verhaltensoriginelle Beiträge auch einmal schmunzeln zu können. *Tipp: Vorsicht jedoch mit widersprüchlichem Lehrerverhalten. Verlässlich bleiben! Nicht einmal strafen und ein andermal lächeln beim gleichen Verhalten!*	
○	**Klärung der eigenen Rolle** und **des Problemfeldes** an sich. Was macht das Problem mit mir? Warum genau fühle ich mich gestört? Welche SuS, Kollegen und sonstige Mitarbeiter der Schule, Elternteile, werden hellhörig, belustigt, angesprochen, beeinträchtigt, gestört, belästigt durch das auffällige Verhalten des S? Ist das bereits ein Problem? Kann es eins werden und warum? Oder antizipiere ich bloß Probleme? Was kann im schlimmsten Fall passieren und was kann ich dagegen tun oder wie kann ich aushalten lernen, dass theoretisch etwas Unangenehmes oder Peinliches passieren könnte? Denn: Habe ich mir überlegt, wie ich reagieren würde, wird die Furcht davor in der Regel kleiner.	
○	Bewusster Umgang und Prävention von Unterrichtsstörungen generell. Durchdachtes **Classroom Management**, das auch von den Fachkolleginnen und -kollegen akzeptiert wird, ist eine gute Grundlage.	

Dagmar Brunsch, Sascha Ebel: Inklusion – was tun? – Sekundarstufe
© Persen Verlag

✔	**C10 Emotionale/Soziale Entwicklung** 2/8	✎ **Notizen und Hinweise** z.B. D = dokumentiert, ← nachzuholen
	Hinweis: Vor allem sollte darauf geachtet werden, dass nur Ordnungs- und Freiarbeitssysteme eingeführt werden, die in Krisenzeiten „echte Selbstläufer" sind, die also von den SuS zuverlässig und selbstständig zur Weiterarbeit befähigen. Darüber hinaus hat es sich als hilfreich erwiesen, aufwändig sortiertes Material nicht in offenen Regalen zu lagern, erst recht nicht an „Verkehrsknotenpunkten" im Klassenzimmer, z.B. auch nicht direkt neben der Klassenzimmertür.	
○	**Besonderheiten in der Lernumwelt beachten.** Hierbei können folgende Ideen hilfreich sein:	
	○ Sitzplatz eines motorisch unruhigen S eher hinten, damit die anderen nicht abgelenkt sind	
	○ Sitzplatz eines S mit Wahrnehmungsproblemen oder Lernproblemen eher vorn (sollte aber nicht zum räumlichen Ausschluss aus der Peergroup führen!)	
	○ Ohrschützer oder Lernbüros für leicht ablenkbare SuS als Angebot in Stillarbeitsphasen	
○	Bewusstes Aufsuchen **außerschulischer Lernorte** und bewusstes Mitnehmen auf Klassenfahrt trotz eventuell vorhandener Problematik: Denn Erleben und Verhalten ist unter Umständen nicht so wie in der Schule. Ausnahme ggf. bei starker Neigung zu Gewalt, Drogen etc. und nach vorheriger Androhung des Ausschlusses aufgrund entsprechender Problematiken. *Hinweis: Je unkontrollierbarer die Gruppe, desto wichtiger ist die gemeinsame körperliche Herausforderung (Segel- oder Klettertouren unter fachkundiger Anleitung, anstrengende Wanderungen, draußen ohne Zelte schlafen, selbst kochen am Lagerfeuer etc.). Zu lange offene Freizeitphasen vermeiden, Unterkunftswechsel einplanen bei mehrtägigen Fahrten.*	
	○ Wie verhält sich der S bei der Vorplanung? Freut er sich oder nicht? Warum wohl?	
	○ Wie ist das auffällige Verhalten außerhalb der Schule? Wie bei mehrtägigen Fahrten? Verändert es sich im Laufe der Jahre?	
	○ Wie geht der S mit den Themen „Mahlzeiten, Übernachtung, Freizeitgestaltung außer Haus" um?	
	○ Plan B: Was tun wir, wenn die geplante Teilnahme trotz allem nicht klappt? Wie kann der betreffende S möglichst ohne Gesichtsverlust sonderbetreut werden oder abreisen?	

✔	**C10 Emotionale/Soziale Entwicklung** 3/8	✎ **Notizen und Hinweise** z. B. *D* = dokumentiert, ← nachzuholen
	○ Welches Individualziel sprechen wir vor dem Beginn einer Unternehmung ab? Wie kann ängstlichen und „problembeladenen" S geholfen werden? Der S kann vorab der Lehrkraft sagen, mit wem er in ein Zimmer möchte. Das kann diskret genau so unterstützt werden, ohne dass es alle merken. Bei Bettnässen hat sich für die Dauer der Fahrt bei vielen zuverlässig ein verschreibungspflichtiges Medikament bewährt. Evtl. rechtzeitig und neutral in der Klasse und auf einem Elternabend ansprechen. *Hinweis: Bei großer Unsicherheit, Angst vor Ausgeliefertsein, vorab die Erlaubnis erteilen, bei Bedarf nach einer Nacht abfahren zu dürfen. Absprache mit Eltern.*	

Beobachtung

○	Durchsicht der **Schülerakte auf Hinweise** für Dauer, Ausmaß und mögliche Gründe des auffälligen Verhaltens	
○	Geplante, **langfristige Beobachtung** des auffälligen Verhaltens oder einiger ausgewählter Aspekte	
○	Beobachtung des **Verhaltens in freien Arbeitsphasen**. Folgende Beispielfragen sind dabei hilfreich:	
	○ Sind alle Materialien vorhanden? Braucht der S eher viel Zeit, sich zu orientieren?	
	○ Weicht er eher aus oder arbeitet er sofort los? Werden angefangene Aufgaben in der Regel auch beendet?	
	○ Zu welchen SuS sucht er den Kontakt? Aus Furcht, Respekt, Zuneigung, Fachinteresse oder Gewohnheit?	
	○ Kann er Hilfe holen und annehmen? Hält er sich an die vorgegebenen Regeln?	
○	Beobachtung des **Verhaltens in der Pause**. Mögliche Beispielfragen:	
	○ Wie verlässt der S den Klassenraum? Zögernd oder hastig?	
	○ Wo hält sich der S in der Pause auf? Mit wem hat er Kontakt? Sucht er eher die Nähe der Pausenaufsicht – evtl. auch heimlich und auf Abstand – oder anscheinend gerade die Ferne? Bewegt er sich? Isst und trinkt er?	
○	Beobachtung des **Verhaltens bei besonderen äußeren Vorkommnissen** wie z. B. Unfällen anderer SuS, Verspätung der Lehrkraft etc.	

Dagmar Brunsch, Sascha Ebel: Inklusion – was tun? – Sekundarstufe © Persen Verlag

✔	**C10 Emotionale/Soziale Entwicklung** 4/8	✎ **Notizen und Hinweise** z. B. *D* = dokumentiert, ← nachzuholen
	Gespräche/Gesprächskultur	
○	**Gespräche mit dem S führen über seine Stärken, Schwächen**, seine Sorgen und Hoffnungen in entspannter Situation, ohne dass ein Vorfall war	

○	**Gespräche mit dem S über sein auffallendes Verhalten.** Mögliche Beispielfragen:
	 – Mich interessiert, was du da tust, wenn …
	 – Kannst du sagen, warum du das tust?
	 – Evtl. Alternativen anbieten:
	  …, weil du dich so schlecht/aggressiv fühlst, dass du nur willst, dass das Gefühl schnell aufhört?
	  …, weil du nicht weißt, was du sonst tun sollst?	

○	**Gespräche mit dem S über seine Wahrnehmung der Schulsituation** führen: Leitfragen: Wann und mit wem fühlt er sich wohl? Wann und mit wem nicht? Konkrete Beispielfragen: – Wie sieht dein Traumklassenzimmer/dein idealer Schultag aus? – Wenn du die Klassen unserer Schule neu mischen dürftest: Welche Lehrkräfte und Schüler sollten in deiner Klasse bleiben, welche nicht und warum? – Wen würdest du zusätzlich in deine Klasse setzen wollen, auch wenn er gar nicht (mehr) oder noch nicht zur Schule geht (auch PC Spielfiguren oder andere Idole, Helden oder Tiere können genannt werden)? – Hast du einen Freund, eine Freundin in der Klasse? In der Schule? – Was machst du, wenn du dich über jemanden ärgerst? Ärgern sich manchmal Schüler oder Lehrkräfte über dich? – Was kannst du gut und was würdest du lieber besser können? Wer würde sich dann am meisten freuen? Du? Deine Lehrer? Deine Eltern? Deine Freunde?	
○	Gespräche mit **allen Kolleginnen/Kollegen** führen, die den S unterrichten. Konkrete Beispielfragen: – Wie nehmen die Kolleginnen das Verhalten wahr? War das auffällige Verhalten schon immer in ähnlicher Ausprägung vorhanden? In welchen Situationen tritt es nicht auf? Was ist dann anders? Warum macht das Verhalten für den S Sinn? Welchen Sinn macht es? – Können als mitverantwortliche Faktoren für das auffällige Verhalten und seine Entstehung Wahrnehmungsprobleme vermutet werden? Oder häusliche oder gesundheitliche Probleme?	

✔	C10 Emotionale/Soziale Entwicklung 5/8	✎ Notizen und Hinweise z.B. *D* = dokumentiert, ← nachzuholen
	– Wo fügt sich der S durch das auffällige Verhalten jedoch auch selbst Nachteile zu und wo anderen? Wem? – Wo liegen die Ressourcen des S (ideell, personell, materiell)? – Was tut dem S gut? – Wie sind seine allgemeinen Kontaktfähigkeiten? Kann er positiven Kontakt zu SuS und Lehrkräften aufnehmen und halten?	
○	**Gespräche mit dem Erziehungsberechtigten ohne vorherigen Vorfall** ressourcen- und fortschrittsorientiert führen. Konkrete Beispielfragen: – Was kann Ihr Kind gut? Wann sind sie stolz auf Ihr Kind? Bitte versuchen Sie, sich zu erinnern (bei möglicher Antwort „nichts" oder „nie", bitten, noch einmal genauer nachzudenken). – Was soll es vor allem bei uns in der Schule lernen und erreichen? – Was ist Ihnen selbst im Austausch mit uns Lehrkräften und Mitarbeitern wichtig? – (s. Checkliste C7 Elternarbeit)	
○	**Gespräche mit den Erziehungsberechtigten über das auffällige Verhalten** des S in einem konkreten Vorfall sowie mögliche Ursachen und geplante Hilfen	
○	**Gespräche mit den Erziehungsberechtigten über zusätzliche Hilfsangebote der Schule** und bereits installierter/verworfener Hilfen	
○	**Gespräche mit den Erziehungsberechtigten über außerschulische Hilfen** wie Therapien und ärztliche Konsultationen (Augenarzt , Ohrenarzt, Pädaudiologe, Kinder- und Jugendpsychiater, Psychotherapeuten, Ergotherapeuten etc.)	
○	**Gespräche mit sonstigen ehemaligen Bezugspersonen des S** wie z.B. Grundschule, Hort, Verein, Großeltern, allerdings nur mit Zustimmung der Erziehungsberechtigten und des S	
○	Gespräche mit dem **Jugendamt** (nach Absprache mit den Erziehungsberechtigten, zumindest jedoch mit Information der Erziehungsberechtigten über die Kontaktaufnahme)	
○	**Ressourcenorientierte Gespräche mit den Mitschülern:** – mit oder ohne Beisein/mit oder ohne aktive Teilnahme des betreffenden S am Gespräch Beispielfragen:	
	○ Warum tut er das? Habt ihr eine Idee?	
	○ Wie können wir ihm und uns helfen, mit der Situation besser klarzukommen?	

Dagmar Brunsch, Sascha Ebel: Inklusion – was tun? – Sekundarstufe
© Persen Verlag

✔	C10 Emotionale/Soziale Entwicklung 6/8	✎ **Notizen und Hinweise** z. B. *D* = dokumentiert, ← nachzuholen
○	Passiert es uns auch, dass wir mit manchen Situationen nicht klarkommen? Wie gehen wir damit um?	
○	Was kann und macht er richtig gut?	
○	Wobei kann ihn jemand von uns um Hilfe bitten?	
Maßnahmen/Strategien/Interventionen		
○	**Generalprävention** als Teilkonzept im Schulkonzept verankern und praktizieren (z. B. Sozialtrainings für alle SuS)	
○	**Individualprävention:** – Ist der S schon vor Eskalation der Verhaltensauffälligkeit als gefährdet erkannt worden? – Wann, durch wen und was hat die Schule getan?	
○	Kollegiale Absprachen eines **einheitlichen bzw. abgestimmten Umgangs mit dem auffälligen Verhalten** bzw. einigen Aspekten desselben; in der Regel mit Information und Beteiligung des S und der Erziehungsberechtigten Beispiele: – Deeskalationsangebote – Konsequente Sanktionierung – Arbeit mit der Klasse an der Akzeptanz eines Verhaltensaspektes etc. – Absprachen über Sonderrollen	
○	**Regelmäßige Teamgespräche/Hilfeplangespräche** zu den im letzten Gespräch geplanten Schritten. Konkrete Beispielfragen: – Sind sie von allen konsequent durchgeführt worden? – Hatte ein eventueller Bruch in der konsequenten Umsetzung eine Auswirkung? – Wie soll damit umgegangen werden? – Konnten bei oder nach Umsetzung der Schritte Erfolge festgestellt werden? – Was leitet sich daraus für die folgende Planung ab?	
○	**Vermeidung von zu großer Eigenverantwortung.** Bei Konsequenzen die Kompetenzen der S sorgfältig abschätzen. *Beispielsweise ist ein Verhaltensvertrag bei eher jüngeren oder pubertätsbedingt sehr unsicheren Schülern oft kontraindiziert. Gerade impulsiven und verunsicherten SuS fehlen oft die Handlungsalternativen, bzw. ihnen fehlt das kleinschrittige Einüben/wiederholte Praktizieren und damit das Automatisieren derselben. Ihr Versagen und die entsprechenden Schuldgefühle würden mit falschen Erwartungen und überfordernden Absprachen manifestiert.*	

✔	C10 Emotionale/Soziale Entwicklung 7/8	✎ Notizen und Hinweise z. B. *D* = dokumentiert, ← nachzuholen
○	**Einsatz paradoxer Interventionsstrategien.** Dem Verhalten kann ein anderer, seltsamer Sinn oder ein anderes Ziel unterstellt werden (Reframing, Umdeuten, nur die Sachebene einer Aussage ernst nehmen, Symptomverschreibungen etc.) Beispiel für Reframing: Ein S, der wiederholt sein Brot in der Stunde isst und es nicht wegpacken will, – hat Furcht vor den SuS anderer Klassen auf dem Schulhof. Das ist nachvollziehbar und verständlich. Die anderen könnten sein Brot wegnehmen und das ist auch schon vermehrt vorgekommen. *Abhilfe/Strategie: Beschützerpaten installieren, ironischen Ton dabei vermeiden* – muss sein Brot diese Woche immer in der ersten Stunde essen, damit das für ihn offenbar wichtige Thema „durch" ist. – kann es vielleicht nicht wegpacken und braucht gemeinsame Brotdosenschließübungen mit der Lehrkraft in der Pause. *Möglichkeiten der nonverbalen Reaktion: Lehrkraft bricht das Unterrichten kommentarlos mittendrin ab, setzt sich entspannt hin und isst das eigene Brot.*	
○	**Behaviouristisch-lerntheoretisch** basierende Methoden, zum Beispiel: – Verstärken von gewünschtem Verhalten, z. B. durch Belohnungssysteme wie Smiley-Liste in der Klasse (nicht mehr bei SuS der höheren Klassen!) – Ignorieren von unerwünschtem Verhalten	
○	**Öffentlichmachen von Verhalten, das ethisch-humanitäre Grundlagen negiert.** Verhalten, das sich massiv gegen ein faires Miteinander richtet, deutlich ansprechen und deutlich missbilligen. Aufzeigen, wo Schieflagen sind, beispielsweise: – drei Schüler gegen einen – Angriff auf Schwächere – subtiles oder beginnendes Mobbing – sexuelle Belästigungen – verbale Diskriminierung ethischer, religiöser oder sonstiger als Minderheit erlebter Gruppen	

Dagmar Brunsch, Sascha Ebel: Inklusion – was tun? – Sekundarstufe
© Persen Verlag

✔	**C10 Emotionale/Soziale Entwicklung**　　　　　　8/8	✎ **Notizen und Hinweise** z. B. D = dokumentiert, ← nachzuholen
○	Bewusster und couragierter **Umgang mit körperlicher Gewalt**. Bei eskalierendem Verhalten eines S (Treten, Schlagen etc.) muss sichergestellt werden, dass niemand zusätzlich verletzt wird. *Hinweis: Bei Körperverletzung ist die Polizei zu verständigen. Ob eine Anzeige oder eine Gefährdeansprache die richtige Maßnahme ist, kann am Besten im Dialog geklärt werden.*	
○	**Erstellen eines befristeten persönlichen Stundenplans** mit Sonderregelungen (mit Eltern und S absprechen!)	
○	**Hinzuziehung eines Mobilen Dienstes** für den ES-Bereich	
○	**Installation eines Nachteilsausgleichs** bei manifester Problematik (Sonderarbeitsplatz, Auszeit, Aufgabenreduzierung, Laptopnutzung etc.) *Hinweis: Für die Installation eines Nachteilsausgleichs ist in der Regel ein Klassenkonferenzbeschluss notwendig. Die Notwendigkeit und Funktionalität ist in regelmäßigen Abständen zu überprüfen, s. auch länderspezifische Regelungen*	

Checkliste: Förderschwerpunkt Lernen

Checkliste für _____, geb.: _____

Erstellt am _____ durch _____

Wir haben an folgende Vorgehensweisen / Maßnahmen und Aspekte gedacht:

✔	C11 Lernen	1/4	🖉 Notizen und Hinweise z. B. D = dokumentiert, ← nachzuholen
Gespräche			
○	Gespräche mit den **Erziehungsberechtigten**		
○	Gespräche mit allen **Kollegen**, die den S unterrichten, u. a. Besprechung der Reaktionen auf beobachtete Schwierigkeiten durch veränderte Lernumgebung, Lernangebote, besondere Schwierigkeiten zu bestimmten Tages- oder Wochenzeiten, mit besonderen Themen, mit bestimmten Lehrkräften etc.		
○	**Gespräche mit dem S selbst führen**, beispielsweise über Vorlieben und Abneigungen innerhalb des schulischen Lernens, der Hausaufgaben, des Lernens neuer Dinge außerhalb der Schule (z. B. Freizeitbereich), des Lernens zu Grundschulzeiten; mögliche Leitfragen: – Wie müssen Erwachsene/Mitschüler sein, damit du gut mit ihnen lernen kannst? – Was macht dir Angst? Was macht dich wütend? – Was macht dich glücklich? – Jeder Mensch kann viele Sachen gut; einige Sachen, die du gut kannst, kenne ich auch (aufzählen, gute Vorbereitung wichtig, damit hier auch substanzielle Dinge gesagt werden können!) Weißt du das eigentlich auch? Bist du stolz darauf? Gibt es noch mehr Sachen, die du gut kannst? *Tipp: Gemeinsam private und schulische Lebens- und Lernsituationen (auch Pause und Peergroup) auf verschiedene Fähigkeiten und Fertigkeiten durchgehen, diese z. B. in einer Portfoliomappe („Meistermappe") sammeln und laufend ergänzen, Wissen ggf. für Aufgabenstellungen und Fördermaßnahmen nutzen.*		
Beobachtung und Diagnose			
○	**Durchsicht der Schülerakte** auf Hinweise für gesundheitliche oder familiäre Belastungen		
○	Ausschluss, dass nur eine **Teilleistungsschwäche** vorliegt		

Dagmar Brunsch, Sascha Ebel: Inklusion – was tun? – Sekundarstufe
© Persen Verlag

✔	C11 Lernen 2/4	✎ Notizen und Hinweise z. B. D = dokumentiert, ← nachzuholen
○	**Durchführung / Veranlassung eines Intelligenztests** durch eine Förderschullehrkraft / einen Kinder- und Jugendpsychiater, und zwar in den Fällen, bei denen vielleicht nicht klar ist, ob die kognitive Leistungsfähigkeit wirklich gering ist oder der Zugang des S zur eigenen Leistungsfähigkeit in bestimmten Settings nur nicht abrufbar ist, bzw. wenn Schulleistungs- und Persönlichkeitsprobleme eine normale kognitive Leistungsfähigkeit verdecken. Aus verschiedenen Testergebnissen resultieren ggf. andere Förderansätze.	
○	**Beobachtung des S im Unterricht** durch eine zweite Lehrkraft, Beispielfragen:	
	○ Lässt sich der S beim Lernen leicht ablenken? Welche Ablenkungsfaktoren?	
	○ Ist der S motorisch unruhig oder träge?	
	○ Wann bzw. bei welchen Aktionen zeigen sich keine Lernprobleme/Umsetzungsschwierigkeiten der situationsspezifischen Anforderungen?	
	○ Gibt es Kommunikationsprobleme zwischen Lehrkraft und S?	
	○ Wie geht der S bei der Organisation der Lernmaterialien am Arbeitsplatz vor?	
	○ Strahlt der S Selbstsicherheit beim Lernen und Arbeiten aus?	
	○ Wie geht der S beim Aufsuchen bzw. Anfragen benötigter Hilfen vor? (Zeit zwischen vermutetem Bemerken der Hilfsbedürftigkeit und Aktion des Hilfesuchens)	
	○ Fühlt sich der S durch die Lehrkraft und / oder Gruppenarbeitspartner „gesehen"? Oder versteckt er sich, bzw. bemüht sich zu zaghaft oder gar nicht offensichtlich um Mitgestaltung?	
	○ Nutzung der Checklisten C2, C3, C4, C8, C9, C10, C12 im Hinblick auf den konkreten Fall	
Unterricht		
○	Ausreichend **Entspannungsmöglichkeiten** im schulischen Alltag	
○	Sicherstellung von **Erfolgserlebnissen** beim Lernen in allen Fächern	
○	**Kreativitätsförderung** z. B. durch Theaterspiel, bildende Kunst, Musik etc.	
○	**Ressourcenorientierung:** Förderung der schulischen Dinge, die der S gut kann	

✔	C11 Lernen 3/4	✏ Notizen und Hinweise z. B. *D* = dokumentiert, ← nachzuholen
○	Intensive Nutzung der Stärken des S für Belange der **ganzen Lerngruppe**	
○	Fokussierung auf **emotionale Prozesse** bei didaktischer Aufarbeitung / Unterrichtsvorbereitung (kein Lernen ohne Emotion, also auch kein Lehren ohne Emotion!)	
○	Verstärkung der **Handlungsorientierung**	
○	**Lernen als Lerntätigkeit** begreifen: Wie die Tätigkeitstheorie der Kulturhistorischen Schule darstellt, lernt ein S nicht nur das, was einem für den Beobachter wahrnehmbarem Interesse des Kindes entspricht. Vielmehr bewertet es die Lernangebote vor dem Hintergrund seiner Lernerfahrungen (mit dem Lerngegenstand, den anbietenden und sonst noch anwesenden Personen, seiner momentanen Befindlichkeit, der Räumlichkeit etc.) und der Antizipation der Sinnhaftigkeit des Wissens für zukünftige (vor allem soziale) Begebenheiten durch das Entwickeln positiver oder negativer Gefühle.	
○	Emotional sehr **positiv besetzte Lernpartner** installieren: Lernen geschieht stets aus sozialem Kontext heraus. Ein S, der allein gut lernt, hat diesen Kontext internalisiert. Kann sich ein S nicht lustvoll auf das gemeinsame Erkunden, Erforschen, Beobachten, Erarbeiten mit anderen SuS einlassen, muss nach anderen funktionierenden sozialen Bezügen gesucht werden. *Beispiel: Es kann (für eine längere Übergangszeit) eine einzelne Lehrkraft diesen sicheren und positiven sozialen Bezug darstellen, eventuell ein S einer anderen Klasse.*	
○	Vermeidung von zu schnellem oder zu häufigem **Materialwechsel**	
○	**Differenzierungsmaßnahmen.** Allgemeiner Hinweis: Das Recht auf **Teilhabe am Wissen**. Differenzierung darf nicht dazu führen, dass dem Schüler mit Unterstützungsbedarf im Bereich Lernen bestimmte Unterrichtsthemen ganz vorenthalten werden – aus Sorge um die Übungszeit für grundlegendere Themen oder aus Sorge, der Stoff könnte zu komplex bzw. abstrakt sein oder aus Sorge, fehlende Vorläuferfähigkeiten müssten zwangsläufig erst gelernt sein.	
	○ Differenzierung im Sinne Verringerung der angebotenen **Aufgabenmenge**	
	○ Differenzierung im Sinne **verminderter sprachlicher** Komplexität in der Aufgabenstellung / -formulierung	
	○ Differenzierung im Sinne von **Wiederholung ähnlicher** Aufgabentypen, Notationsformen, bis ein Sachverhalt verstanden, ein Verfahren eingeübt ist	

Dagmar Brunsch, Sascha Ebel: Inklusion – was tun? – Sekundarstufe
© Persen Verlag

✔	**C11 Lernen** 4/4	✎ **Notizen und Hinweise** z.B. $\mathcal{D}$ = dokumentiert, ← nachzuholen
○	Explizite gemeinsame Betrachtung von verschiedenen **Aufgabenformulierungen** in Bezug auf ein neues Thema (Leitfrage: Was will die Lehrkraft, wenn sie das so schreibt?)	
○	Hilfen oder **Strategien zur Untergliederung/Übersetzung** verschiedener Aufgabenformulierungen (Unterstreichen, Nummerieren) ggf. vorgeben	
○	Vermeidung von zu schnellem oder zu häufigem Wechsel der **Aufgabenstellung in Art und Formulierung**	
○	Sicherstellung einer **ausreichenden Gliederung/Betonung** und Kürze verbaler und schriftlicher Arbeitsanweisungen	
○	Sicherstellung einer ausreichenden **Ergebnissicherung** der individuell erreichten Ergebnisse des Kindes in einer Unterrichtsstunde	
Fördermaßnahmen		
○	Kenntnis der **untergesetzlichen Regelungen** (Erlasse) des jeweiligen Bundeslandes zur Förderung von Kindern mit Lernproblemen	
○	Kenntnis darüber, dass eine zieldifferente Beschulung immer einer **Genehmigung durch die Schulbehörde** des Bundeslandes bedarf *Beispiel: In Niedersachsen z.B. im Rahmen der Feststellung eines Bedarfs an sonderpädagogischer Unterstützung im Förderschwerpunkt Lernen in der Regel ab Mitte/Ende der 2. Klasse*	
○	**Installation eines Nachteilsausgleichs**, z.B. SuS, die schwere Lernblockaden entwickelt haben, können auf diesem Weg Entlastung erfahren. Das Schreiben im Unterricht kann beispielsweise am Laptop stattfinden, wenn Stifte und Hefte nachhaltig schwere Verweigerungshaltungen hervorrufen. *Hinweis: Für die Installation eines Nachteilsausgleichs ist in der Regel ein Klassenkonferenzbeschluss notwendig. Die Notwendigkeit und Funktionalität ist in regelmäßigen Abständen zu überprüfen, siehe auch länderspezifische Regelungen.*	

Checkliste: Förderschwerpunkt Sprache

Checkliste für _____, geb.: _____

Erstellt am _____ durch _____

Wir haben an folgende Vorgehensweisen / Maßnahmen und Aspekte gedacht:

✔	C12 Sprache	1/4	✎ Notizen und Hinweise z.B. D = dokumentiert, ← nachzuholen
Gespräche			
○	Gespräche mit den **Erziehungsberechtigten führen**, u. a. über bisherige Sprachentwicklung, Förderprogramme und Therapien sowie den sozial-emotionalen Umgang des S und der Familie mit der sprachlichen Auffälligkeit		
○	Gespräche mit den **Lehrkräften führen**, die den S unterrichten, mit folgenden Leitfragen: – Wie wirkt sich die Sprachauffälligkeit aus? – Wie steht der S selbst dazu? – Kommt es oft zu verbalen Missverständnissen? – Gibt es Ansätze von Intoleranz anderer SuS? – Wie gehen alle Lehrkräfte bisher mit dem Auftreten der Auffälligkeit um?		
○	Eventuell **Gespräche mit dem S** selbst führen, vor allem bei erkennbarem, psychischem Leidensdruck oder wenn deutliche Hilfen installiert werden sollen, z. B. Nachteilsausgleiche beschlossen werden sollen. *Achtung: In der Regel Auffälligkeit nicht thematisieren, wenn noch kein Störungsbewusstsein vorhanden sein sollte, da dies oftmals den therapeutischen Zugang zur Symptomatik erschwert.*		
Beobachtung und Diagnose			
○	Genaue **Diagnostik** der Auffälligkeit veranlassen, soweit noch nicht außerschulisch geschehen. Hinzuziehen einer sprachheilpädagogischen Fachkraft, z. B. aus dem Mobilen Dienst des Förderzentrums, Diagnostik durch Logopäden/Sprachheiltherapeuten, HNO-Ärzte, Pädaudiologen etc.		
○	Nutzung der **Checklisten** C8 (Interkulturelle Arbeit) und C9 (Armut)		
○	Nutzung der Fachberatungen der Schulbehörde – soweit vorhanden		
○	Nutzung von Internetplattformen/Elternforen als Informationsquelle		

Dagmar Brunsch, Sascha Ebel: Inklusion – was tun? – Sekundarstufe
© Persen Verlag

✔	C12 Sprache	2/4	✎ Notizen und Hinweise z.B. D = dokumentiert, ← nachzuholen
○	Möglichkeiten abklären, dass auch SuS mit einer eher minimalen sprachlichen Auffälligkeit in der Aufnahme, Verarbeitung und/oder in der Weiterverarbeitung, Planung und Umsetzung einer Sprachhandlung, Probleme haben können, diese jedoch in der alltäglichen Spontansprache **gut kompensieren gelernt haben** (z.B. Problem: Phonologische Schleife). *Beispiel: Auffällig kann dann z.B. sein, dass Wörter in den falschen Kontexten gebraucht werden, die Bedeutungen verschiedener Wörter falsch ausgelegt, Metaphern etc. nicht verstanden werden.*		

Unterricht

○	**Allgemeine Grundsätze:** Eine wertschätzende, alle SuS in ihrer Einzigartigkeit fördernde **Klassenkultur pflegen** und einfordern, damit auch sprachauffällige SuS die volle Möglichkeit der Teilhabe am aktiven Bildungsprozess sowie volle Akzeptanz ihrer Person in Klasse und Peergroup haben.	
○	**Förderung von Selbstbewusstsein und Identität.** Meint vor allem Hinsehen und Fördern, was der S gut kann. Auch ein Deutsch- oder Mathematikfachlehrer kann wahrnehmen, dass ein S musikalisch interessiert ist und sich für die Förderung/Motivierung zuständig fühlen. Ein S kann verstehen, dass nicht jeder alles gleich gut kann. Ein Supersportler muss kein Superredner sein. Seine Rede wird trotzdem im Fernsehen gezeigt und alle hängen an seinen Lippen. *Tipps: Gemeinsam können einmal Beispiele im Internet dafür gesucht werden (lächerlich wirkende Extreme vermeiden). Ein schreibfrustrierter S kann als Fotograf der Schülerzeitung eine wichtige Rolle einnehmen, ohne Sprache Botschaften senden, Stimmungen einfangen, Ereignisse dokumentieren und vielleicht später mithilfe von Rechtschreibprogrammen und ggf. auch Textschablonen/vorgegebenen Beispielstrukturen einen interessanten Artikel über seine Fotografentätigkeit beisteuern und über das, was seine Bilder ausdrücken sollen. Vielleicht ist es möglich, ein paar Deutschförderstunden für Bildeinstellungen und -arrangements und Sprache-Bild-Verknüpfungen einzusetzen oder eine Fotografie-AG zusammen mit dem Schülerzeitungsfotografen vorzubereiten und für andere SuS anzubieten.*	
○	Überdenken der **Lehrerrolle (Sprachmodell und Wegbereiter)**, folgende Leitfragen:	
	○ Spreche ich **deutlich und langsam** genug, aber auch nicht zu angespannt und nicht zu eintönig?	
	○ Greife ich **sprachliche Schwierigkeiten** des S in meiner Sprache modellierend auf?	

✔	C12 Sprache 3/4	✎ **Notizen und Hinweise** z. B. D = dokumentiert, ← nachzuholen
	○ Habe ich genug **positiven, symptomunabhängigen Kontakt** zum betreffenden S?	
	○ Habe ich noch echten **Spaß am Unterricht?** Lache und scherze ich mit meinen SuS? Auch mit dem betroffenen S?	
	○ Kann der S dann auch **fröhlich und ausgelassen reagieren?**	
	○ Schaffe ich eine **Atmosphäre, in der Fehler erlaubt sind?**	
	○ Kann ich eine wirklich **spottfreie Atmosphäre** schaffen?	
	○ Bilde ich in der Regel **kurze und einfache Sätze?**	
	○ **Formuliere ich klar** und bei SuS mit (noch) sehr geringer (deutsch-)sprachlicher Kompetenz unter Nutzung gleichbleibender Bezeichnungen für denselben Gegenstand (nicht parallel: Mäppchen / Stiftemappe / Etui oder Pausenhalle / Aula / Eingangshalle)?	
○	**Sprache auch kreativ** und losgelöst vom Hier und Jetzt einzusetzen, z. B. Erzählen, Fantasieren, Berichten – und das nicht nur im Deutschunterricht	
○	**Ressourcenorientierung:** Wo und wie bietet der S kommunikativen Austausch an, auch nonverbal?	
○	Schaffung von vielfältigen **Gesprächsanlässen.** Rituale und Formulierungsmuster helfen, den Einstieg in die mündliche Aussage zu finden, Satzmuster für SuS mit Deutsch als Zweitsprache anzubieten und die Aufmerksamkeit der Zuhörer zu lenken.	
○	**Hilfen im Unterricht:** – Liegt eine ausgeprägte LRS vor, die meist den Sprachfehler abbildet, auch wenn er in der spontanen Sprache nicht mehr zu hören ist? *Hinweis: Ist das „Lexikon im Kopf" noch nicht umgeschrieben, ist eine LRS-Therapie außerhalb der Schule anzustreben.*	
○	Frage ich immer wieder den Wortschatz bei SuS ab, auch wenn Wörter und ihre Bedeutung eigentlich bekannt sein müssten?	
○	Kontinuierliche Wiederholung von Satzbau und Grammatik	
○	Muss für SuS, die die deutsche Sprache nicht ausreichend beherrschen, eine Sprachlernklasse eingerichtet werden?	
○	Nutzung **schriftlicher Ausdrucksformen** für den Unterricht bei ausgeprägter Sprechhemmung, z. B. durch Einrichtung von Skype-Foren, E-Mail, Plakat, Hausaufgaben und Ausarbeitungen – können auch von SuS / Lehrkraft vorgelesen werden.	

Dagmar Brunsch, Sascha Ebel: Inklusion – was tun? – Sekundarstufe
 © Persen Verlag

✔	C12 Sprache 4/4	🖉 Notizen und Hinweise z.B. 𝒟 = dokumentiert, ← nachzuholen
○	In der Regel: **Zurückhaltung mit direkter Fehlerkorrektur** zur sprachlichen Äußerung des S, Absprache mit allen Beteiligten, dass beim betroffenen S nicht vorschnell in der Spontansprache verbessert wird. Aktive und gelingende Kommunikation aller muss im Zentrum des Unterrichts stehen. Sonst traut sich der betreffende S ggf. eine Verbaläußerung nicht mehr zu. Angebracht ist jedoch, dass fehleingesetzte oder fehlgebildete Wörter in der Lehrerantwort berichtigt zu nutzen (korrektives Feedback).	

Sprachförderung

○	Fokussierung auf **individuell und kulturell bedeutsame Situationen** für unterrichtsimmanente Sprachförderung	
○	Beachtung einiger Grundsätze zur **unspezifischen Sprachförderung** über den Deutsch- und Sprachförderunterricht hinaus, beispielsweise: – neue Nomen zum Beispiel auch in Gesellschaftslehre oder im naturwissenschaftlichen Unterricht mit Artikel und Pluralform einführen, ggf. Wortfeldarbeit anschließen – Steigerung von Adjektiven einbauen – Rhythmusspiele und -übungen durchführen und Handlungen der Schüler sprachlich begleiten	
○	Je nach Unterstützungsbedarf: **Bestimmung der nächsten zu fördernden Entwicklungsschritte** (Förderplan)	

Fördermaßnahmen / weitere Hilfen

○	Empfehlung **außerschulischer Sprachtherapie** (nach ärztlicher Verordnung)	
○	Bewusste Auswahl der **Förderorte innerhalb der Schule** für spezielle Förderangebote: – im Unterricht voll integriert z.B. als Inhalt für alle – in Einzelarbeitsphasen und Wochenplanarbeit integriert – im Anschluss an den Unterricht oder parallel zum Unterricht (äußere Differenzierung)	
○	Gemeinsames Erstellen und Aktualisieren des **individuellen Förderplans**	
○	Ggf. Installieren eines **Nachteilsausgleichs**, beispielsweise geringere Bewertung der mündlichen Leistung bei mutistischen/selektiv mutistischen SuS (z.B. Hilfestellung durch Wortlisten zu einer Bildergeschichte geben, Benutzung des Wörterbuchs üben und in Arbeiten erlauben) *Hinweis: Für die Installation eines Nachteilsausgleichs ist in der Regel ein Klassenkonferenz- oder Förderkommissionsbeschluss notwendig. Die Notwendigkeit und Funktionalität ist in regelmäßigen Abständen zu überprüfen, siehe auch länderspezifische Regelungen.*	

Checkliste: Förderschwerpunkt Lese-Rechtschreib-Schwäche und Legasthenie

Checkliste für _____ , geb.: _____

Erstellt am _____ durch _____

Wir haben an folgende Vorgehensweisen / Maßnahmen und Aspekte gedacht:

✔	C13 Lese-Rechtschreib-Schwäche/Legasthenie	1/3	✎ Notizen und Hinweise z.B. D = dokumentiert, ← nachzuholen
Gespräche			
○	**Gespräch mit dem S sowie den Erziehungsberechtigten** über die Entwicklung der Problematik und ihrer Vorläufer, vor allem der phonologischen Bewusstheit und der zentralen Hörwahrnehmung im Vor- und Grundschulalter (Reime erkennen, verbale Anweisungen befolgen, Spiel mit anderen etc.)		
○	**Gespräch mit den Erziehungsberechtigten über frühkindliche und kindliche Entwicklung im gesundheitlichen Bereich**, z.B. bei Aspekten wie: – häufige Mittelohrentzündungen – nicht schmerzende und daher schwer feststellbare Paukenergüsse – verspäteter Sprachbeginn – wenig singen – reimen – erklären – Vorlesen einer Bezugsperson mit dem Kind – häufiges Nachfragen bei Anweisungen und Bitten – Überempfindlichkeit gegen laute Reize – Unaufmerksamkeit oder gehäufte Nachfragen bei Gespräch mit mehreren Partnern oder bei Nebengeräuschen – Probleme mit Auswendiglernen – unzureichende Notation der Hausaufgaben – auffälliges Richtungshören – evtl. vererbte Disposition		
○	**Gespräche mit KollegInnen und Kollegen** und Nutzung von schuleigenen Fachkenntnissen und Erfahrungen, organisierter Austausch		

Dagmar Brunsch, Sascha Ebel: Inklusion – was tun? – Sekundarstufe
© Persen Verlag

✔	C13 Lese-Rechtschreib- Schwäche/Legasthenie 2/3	✐ **Notizen und Hinweise** z.B. D = dokumentiert, ← nachzuholen
Beobachtung und Diagnose		
○	**Unterscheidung LRS und Legasthenie.** Obwohl beide Formen oft nicht voneinander unterschieden werden, ist es wichtig, ob eine Veranlagung zur Problematik besteht und bestenfalls auch rekonstruierbar ist (Legasthenie), oder ob es sich um eine erworbene Schwäche handelt (LRS), beispielsweise bei ungünstiger Lehrmethodik, vor bildungsfernem Hintergrund oder bei Sinnesbeeinträchtigung. Eine Legasthenie kann weitgehend therapiert werden, bleibt aber eine Besonderheit des Menschen. Eine LRS hingegen kann spurlos verschwinden.	
○	Allgemeiner Hinweis: **LRS und Legasthenie sind Teilleistungsschwächen**, das heißt, der S fällt nicht durch allgemein geringe kognitive Leistungsfähigkeit auf.	
○	Das mögliche **Vorliegen einer Hörbeeinträchtigung bzw. Hörschädigung** abklären. Das Ergebnis eines Hörtests kann unauffällig sein, der S „versteht" aber trotzdem nichts. Klärung, ob eine auditive Verarbeitungs- und Wahrnehmungsstörung (AVWS) ausgeschlossen werden kann.	
○	Ausschluss von evtl. ähnlichen Problematiken auf der Erscheinungsebene (Sehschwäche, emotional-soziale Faktoren etc.)	
○	**Auftretende Symptome einer LRS:** – verlangsamte Arbeitsgeschwindigkeit, ggf. Frustrationsreaktionen – dasselbe Wort wird in einem Text mehrfach unterschiedlich falsch geschrieben – lautgetreues Schreiben bereitet Probleme – Schwierigkeiten beim Zergliedern von Wörtern in Laute – z.T. Probleme beim Schreiben einzelner Buchstaben oder Buchstabenkombinationen oder beim fehlerfreien Abschreiben und nicht vertauschen von spiegelbildlichen Graphemen – Textaufgaben in Mathematik sind dabei ebenso betroffen wie häufig auch das Erlernen von Fremdsprachen – Reime werden nicht sicher erkannt	
Unterricht		
○	Arbeit mit der Klasse an der Akzeptanz der Problematik und des Nachteilsausgleichs	
○	Räumlich-organisatorische Hilfen anbieten wie z.B. Sitzplatz vis-à-vis zur Lehrkraft, Wörterlisten und Bücher, Leseschablonen, Partnerarbeit etc.	
○	Rhythmisierte Abläufe (Anspannung und Entspannung)	
○	Hilfe durch Input in kleiner Lerngruppe mit wenig Störgeräuschen und -impulsen	

✔	C13 Lese-Rechtschreib-Schwäche/Legasthenie 3/3	✐ Notizen und Hinweise z. B. D = dokumentiert, ← nachzuholen
○	Klar strukturierte Tafelbilder und Arbeitsblätter, ggf. reduzierte Materialien zur Verringerung der visuellen Komplexität	
○	Visualisierung von wichtigen Informationen	
○	Vermeidung von zu großer Informationsdichte in der Aussage/Arbeitsanweisung	
○	Hilfe durch Aufsuchen direkten Blickkontakts	
○	Besonders gründliche Ergebnissicherung, wenn ein S in der Klasse Lese-Rechtschreib-Probleme hat	
Fördermaßnahmen / weitere Hilfen		
○	Ein Arzt für Kinder- und Jugendpsychiatrie oder ein Diplom-Psychologe kann eine Diagnose im Bereich LRS/Legasthenie erstellen. Mit einem Nachteilsausgleich muss die Schule dann dafür sorgen, dass bewertungsrelevante Erleichterungen für das Kind greifen. *Hinweis: Für die Installation eines Nachteilsausgleichs ist in der Regel ein Klassenkonferenzbeschluss notwendig. Notwendigkeit und Funktionalität sind in regelmäßigen Abständen zu überprüfen, s. auch länderspezifische Regelungen.*	
○	Angebot besonderer schulischer Förderung bei LRS/Legasthenie	
○	Empfehlung von außerschulischer LRS- oder Legasthenietherapie	
○	Fachlicher Austausch und Zusammenarbeit mit den an weiteren Hilfen beteiligten Fachleuten	
○	Nutzung von Fachberatung der Schulbehörde – soweit vorhanden	
○	Kenntnis relevanter Erlasse des Kultusministeriums des Bundeslandes zum Nachteilsausgleich bei vorliegender Lese-Rechtschreib-Schwäche, damit eine gesonderte Bewertung der Lese-Rechtschreibleistungen erfolgen kann.	

Dagmar Brunsch, Sascha Ebel: Inklusion – was tun? – Sekundarstufe
© Persen Verlag

Checkliste: Förderschwerpunkt Rechenschwäche

Checkliste für _____ , geb.: _____

Erstellt am _____ durch _____

Wir haben an folgende Vorgehensweisen / Maßnahmen und Aspekte gedacht:

✔	C14 Rechenschwäche 1/3	✐ Notizen und Hinweise z.B. D = dokumentiert, ← nachzuholen
Gespräche		
○	Gespräche mit den Erziehungsberechtigten über die Probleme des S und ggf. aufgetretener **Auffälligkeiten während der Grundschulzeit**	
○	Beim Übergang von der 4. in die 5. Klasse: Gespräch mit der Mathematiklehrkraft der Grundschule über Erfahrungen und **erfolgte Unterstützungs- und Fördermaßnahmen**	
Beobachtung und Diagnose		
○	**Klärung von Teilleistungsschwäche.** Beim S bestehen in anderen Unterrichtsfächern / in den Bereichen Lesen und Schreiben keine auffälligen Schwierigkeiten (Abgrenzung zu einem Bedarf an sonderpädagogischer Unterstützung). *Hinweis: Rechenschwächen „wachsen" sich nicht während der Grundschulzeit aus, sondern sind in der Regel in ähnlicher Ausprägung auch an der weiterführenden Schule vorhanden.*	
○	**Ausschluss von** auf der Erscheinungsebene evtl. **ähnlichen Problematiken**, wie z.B. allgemeine Merkschwäche, wenig Erfahrung im Umgang mit Mengen, Mustern, Reihen u.a.	
○	**Beobachtung folgender typischer Auffälligkeiten** im Mathematikunterricht:	
○	regelmäßiges Üben zeigt kaum Wirkung	
○	Probleme beim Rückwärtszählen, Überspringen von Zahlen (da SuS mit Rechenschwäche oft Reihen auswendig lernen)	
○	zählendes Vorgehen auch noch im höheren Zahlenraum	
○	wiederkehrende und weitreichende Unsicherheit im Stellwertsystem (10 + 100 = 1000)	
○	Unsicherheit beim Umgang mit Größen und Maßeinheiten	
○	fehlende Kompetenz im Schätzen von Mengen und Überschlagen von Rechnungen bezüglich des zu erwartenden Ergebnisses	

✔	C14 Rechenschwäche 2/3	✎ Notizen und Hinweise z. B. $\mathcal{D}$ = dokumentiert, ← nachzuholen
	○ Unsicherheit beim Wechsel der Rechenoperationen und -zeichen	
	○ fehlende Kenntnisse der Zusammenhänge der Grundrechenarten	
	○ Zahlen in **Textaufgaben** werden häufig willkürlich zu Rechenoperationen zusammengesetzt oder verweigert	
	○ das Lösen selbst einfacher Aufgaben ist nur mit hohem Konzentrationsaufwand zu leisten; die erforderliche Bearbeitungszeit ist auffallend groß	
	○ **Einmaleinsreihen** werden mechanisch auswendig gelernt, ohne ein logisches Verständnis für mathematische Zusammenhänge zu entwickeln	
	○ fehlendes Verständnis beim **Umgang mit Gleichungen**	
○	**Beobachtung** folgender, möglicherweise noch **fehlender mathematischer Entwicklungsschritte** (ggf. förderdiagnostische Rechentests durchführen lassen)	
	○ Unsicherheit im Umgang mit den Begriffen mehr und weniger (Achtung! Es kann eine soziokulturell oder muttersprachlich bedingte Unsicherheit bestehen.)	
	○ Unsicherheit bei dem **Zuordnen** der Begriffe „mehr/weniger" bei verdeckten Mengen (Hinzutun, Wegnehmen)	
	○ Unsicherheit bei **Eins-zu-Eins-Zuordnungen**	
	○ Unsicherheit bei **Reihenbildung** mit mehreren Elementen von groß nach klein etc., auch mit zwei Variablen (groß und dunkel nach hell und klein)	
	○ Probleme beim Erkennen und Fortsetzen von Mustern	
○	**Überprüfung, inwieweit Zahlaspekte** wie Ordinalaspekt (Reihenfolge), Kardinalaspekt (Anzahl), Codierungsaspekt (z. B. Telefon-Nr.), Größenaspekt (Maßzahlenaspekt) **bekannt** sind, die verschiedene Herangehensweisen im Umgang mit der Zahl einfordern.	
○	**Beachtung der Möglichkeit**, dass häufig übende und ehrgeizige Kinder aufgrund kompensatorischer Strategien oft **erst in der zweiten Hälfte der Grundschulzeit auffällige Leistungen** zeigen, da dann ein zählendes Vorgehen sehr erschwert ist und die Größe des zu bearbeitenden Zahlraums zunimmt.	

Dagmar Brunsch, Sascha Ebel: Inklusion – was tun? – Sekundarstufe
© Persen Verlag

✔	C14 Rechenschwäche 3/3	🖋 **Notizen und Hinweise** z. B. D = dokumentiert, ← nachzuholen
Unterricht		
○	Rhythmisierte Abläufe (Anspannung und Entspannung)	
○	Klar strukturierte Tafelbilder und Arbeitsblätter sowie reduzierte Materialien als Hilfen zur Verringerung der Komplexität der Anforderung	
○	Vermeidung von zu großer Informationsdichte auf Mathematik-Arbeitsblättern	
○	Sicherstellen von Erfolgserlebnissen	
○	Hilfe durch Arbeit mit der Klasse an der Akzeptanz der Problematik und der eingeführten Hilfen	
Fördermaßnahmen / weitere Hilfen		
○	Beratung und ggf. eine differenzierte Diagnostik durch einen Arzt für Kinder- und Jugendpsychiatrie oder einen Diplom-Psychologen, wenn schulische Hilfen nicht ausreichen	
○	Nutzung von Fachberatungen der Schulbehörden – soweit vorhanden	
○	Nutzung von Angeboten besonderer schulischer und außerschulischer Förderung bei vorliegender Rechenschwäche	
○	Ggf. Installation eines Nachteilsausgleichs *Hinweis: Für die Installation eines Nachteilsausgleichs ist in der Regel ein Klassenkonferenz- oder Förderkommissionsbeschluss notwendig. Die Notwendigkeit und Funktionalität ist in regelmäßigen Abständen(z. B. halbjährlich) zu überprüfen, s. auch länderspezifische Regelungen.*	
○	Kenntnis der untergesetzlichen Regelungen (Erlasse) des Kultusministeriums des Bundeslandes zur Rechenschwäche – soweit vorhanden	

Checkliste: Förderschwerpunkt Asperger-Autismus

Checkliste für _____ , geb.: _____

Erstellt am _____ durch _____

Wir haben an folgende Vorgehensweisen / Maßnahmen und Aspekte gedacht:

✔	C15 Asperger-Autismus 1/3	✏ Notizen und Hinweise z. B. D = dokumentiert, ← nachzuholen
Vorbereitung		
○	**Detaillierte Elterngespräche.** Was benötigt der S zum Lernen? Wo sind Stärken, die gefördert und zugänglich gemacht werden können? Was beunruhigt den S? Was kann die unterrichtende Lehrkraft bei Verunsicherung tun? Wie stark ist der Unterstützungsbedarf? Ist dieser mit schuleigenen Mitteln zu realisieren oder erscheint ein Einzelfallhelfer nötig? (s. Checkliste C6 Integrationsassistent / Einzelfallhelfer)	
○	**Sorgfältiges Gestalten von Übergängen**, beispielsweise: – gegenseitiges Kennenlernen vom S und Klassenlehrkraft in gewohnter Umgebung des S vor dem ersten Schultag in der neuen Klasse – vorab Sonderbesuche in der (ggf. sogar menschenleeren) Schule – im Verlauf: Veränderungen wie Klassenraumwechsel, Vertretungsunterricht, Abschiede, Regelveränderungen etc. anbahnen und ausreichend vorab besprechen	
Nutzung von außerschulischen Unterstützungsangeboten		
○	**Kooperation und Beratung** durch ein medizinisch-therapeutisches Fachzentrum für Autismus, bzw. mit entsprechenden Kinder- und Jugendärzten	
○	**Beratung durch Fachberater** der Schulbehörden, Jugendämter etc. – soweit vorhanden	
Unterricht		
○	**Vorbeugung von Unterrichtsstörungen und Verhaltensproblemen** (s. Checkliste C10) _Mit Bezug auf C10: Besonders wichtig kann ein gutes Classroom Management werden. Berührungen wie Igelballmassagen oder auf die Schulter klopfen wirken oft gegenteilig. Offene Arbeitsformen sowie außerschulische Lernorte bedürfen guter Vorbereitung und sind in manchen Fällen ohne Assistenz nicht durchführbar. Maßnahmen und Planungen besonders gut mit den Eltern absprechen, die immer Fachleute für die Besonderheiten ihres eigenen Kindes sind._	

Dagmar Brunsch, Sascha Ebel: Inklusion – was tun? – Sekundarstufe
© Persen Verlag

✔	C15 Asperger-Autismus 2/3	✎ Notizen und Hinweise z. B. D = dokumentiert, ← nachzuholen
○	**Regelmäßige und transparent gemachte Strukturierung** der Unterrichtsstunde, der einzelnen Aufgabe, der Pause, des Schultags, der Schulwoche. Beispiele: – Stundenübersicht des Tages an die Tafel schreiben – Stundenübersicht mit wichtigen Tätigkeitssymbolen strukturieren – Bearbeitung/Bearbeitungszeit einer Aufgabe durch Sanduhr, Time Timer und andere Visualisierungshilfsmittel strukturieren – Entspannungszeiten anbieten etc.	
○	**Unterrichtssprache:** – klare und freundliche Ansprachen – Der Inhalt sollte frei von Ironie und metaphorischer Sprache sein. – Der Satzbau sollte – natürlich immer abhängig von der individuellen Kompetenz und momentanen emotionalen Befindlichkeit des S – eher kurz sein. – Es sollten immer bekannte Begriffe benutzt werden. *Hinweis: Zu beachten ist allerdings, dass keine Unterforderung eintritt und eine Weiterentwicklung der begrifflichen und sozialen Kompetenz auch eines Angebots und des Zutrauens bedarf.*	
○	Nutzung von **Kommunikations- und Strukturierungshilfen** wie Aktionskarten mit Tätigkeitssymbolen, Bild- und Symbolkarten für Gefühle und/oder Fotos. Zur Äußerung von eigenen Wünschen, Gefühlen, Meinungen und zum Verstehen verbaler Anweisungen bzw. zur Strukturierung komplexer schriftlicher Anweisungen können diese Visualisierungen sehr hilfreich sein. *Beispiel 1: Verwirrung im Streit, weil ein S lacht, ein anderer weint und alles durcheinander scheint. Sind Symbolkarten für bestimmte Emotionen eingeführt, kann anhand dieser einfacher geklärt werden, welches Gefühl jeder S nun „wirklich" hat, wie das Gegenüber wahrgenommen wird.* *Beispiel 2: Die Lehrkraft bittet die SuS, Mathematikbuch und -heft herauszunehmen und legt dem S mit Asperger-Autismus (und vielleicht weiteren stark visuell orientierten SuS) Fotos von Buch und Heft auf ihren Tisch. Dazu kann ein Karteikasten auf dem Lehrerpult mit Fotos oder Symbolkarten zur Verfügung stehen. Die Sitzplätze der SuS mit erhöhtem Unterstützungsbedarf sollten ggf. in der Nähe des Lehrerpultes sein.* *Beispiel 3: Eine komplexe Textaufgabe im Mathematikunterricht wird durch den S selbst strukturiert, indem er sich Rechensymbole und Zahlkarten beim Lesen in die richtige Reihenfolge legt, sich dadurch die Aufgabe so „übersetzt".*	
○	Sicherstellen von **Erfolgserlebnissen**	

✔	**C15 Asperger-Autismus** 3/3	✐ **Notizen und Hinweise** z. B. D = dokumentiert, ← nachzuholen
❍	Unterstützung durch **Arbeit mit der Klasse an der Akzeptanz der Asperger-Thematik** und den eingeführten Hilfen	
Fördermaßnahmen		
❍	**Installation eines Nachteilsausgleichs** für SuS, die ihre Leistungsfähigkeit aufgrund des Autismus nicht voll zeigen können. In Anlehnung an die Hilfen, die der S im Schulalltag auch benötigt, wird beispielsweise beschlossen, dass der S – mehr Zeit zum Bearbeiten hat. – weniger Aufgaben bearbeiten muss. – das Verständnis der Aufgaben nach dem Lesen noch einmal durch Nachsagen in eigenen Worten gegenprüfen kann etc. *Hinweis: Für die Installation eines Nachteilsausgleichs ist in der Regel ein Klassenkonferenz- oder Förderkommissionsbeschluss notwendig. Die Notwendigkeit und Funktionalität ist in regelmäßigen Abständen zu überprüfen, s. auch länderspezifische Regelungen.*	

Dagmar Brunsch, Sascha Ebel: Inklusion – was tun? – Sekundarstufe
© Persen Verlag

Checkliste: Analyse / Beschreibung

Checkliste für (Klasse / Team) _____

Erstellt am _____ durch _____

Wir haben an folgende Vorgehensweisen / Maßnahmen und Aspekte gedacht:

✔		✎ **Notizen und Hinweise** z.B. D = dokumentiert, ← nachzuholen
○		
○		
○		
○		
○		
○		

Checkliste: Verbesserungsansätze

Checkliste für (Klasse / Team) _____

Erstellt am _____ durch _____

Wir haben an folgende Vorgehensweisen / Maßnahmen und Aspekte gedacht:

✔		✎ **Notizen und Hinweise** z.B. *D* = dokumentiert, ← nachzuholen
○		
○		
○		
○		
○		
○		

Dagmar Brunsch, Sascha Ebel: Inklusion – was tun? – Sekundarstufe
© Persen Verlag

Checkliste: _____

Checkliste für _____ , geb.: _____

Erstellt am _____ durch _____

Wir haben an folgende Vorgehensweisen / Maßnahmen und Aspekte gedacht:

✔		🖉 **Notizen und Hinweise** z. B. *D* = dokumentiert, ← nachzuholen
○		
○		
○		
○		
○		
○		

III. Glossar

Classroom Management
Klassenorganisation und -führung, dieses schließt Bereiche ein wie Regeln, Routinen, Präsenz, nonverbale Signale, Aktivierung, Laufwege und Klassenraumaufteilung

Behaviourismus / Lerntheorie:
Wissenschaftstheoretisches Konzept und psychologische Richtung, die davon ausgehen, dass menschliches Verhalten erlernt ist, also beispielsweise nicht angeboren und auch nicht durch individuelle Sinnbildungsprozesse entstanden ist. Verhaltensweisen, die belohnt werden, verfestigen sich und werden zunehmend häufiger angewandt, von der sozialen Umwelt ignorierte Verhaltensweisen werden irgendwann unterlassen.

EFQM (in der Schule)
EFQM = *European Foundation for Quality Management*
Das EFQM-Modell ist ein Qualitätsmanagement-System des Total-Quality-Management. Es wurde 1988 von der *European Foundation for Quality Management (EFQM)* entwickelt. Es bietet Grundlagen und Handwerkszeug für die Durchführung von Entwicklungsprozessen an Schulen und anderen Bildungseinrichtungen.

ILE-Bericht
ILE bedeutet „Individuelle Lernentwicklung"; ein ILE-Bericht schreibt die Lernentwicklung eines Kindes über die gesamte Schulzeit fort und kann auch den vorschulischen Bereich (Kindertagesstätte) einbeziehen. Für Niedersachsen gilt beispielsweise die Handreichung „Dokumentation der individuellen Lernentwicklung" (Juli 2006).

Index für Inklusion
Verfahren zur Reflexion des Entwicklungsgrades einer Institution auf dem Weg zur Inklusion und Grundlage zur Bestimmung nächstmöglicher Entwicklungsschritte, beziehbar über die „Montag Stiftung Jugend und Gesellschaft" (freie Internetversion)

Individualprävention
Im Gegensatz zur Generalprävention, bei der vorbeugende Maßnahmen für die Gesamtgruppe angeboten werden, sind unter Individualprävention alle unterstützenden Maßnahmen zusammengefasst, die sich direkt auf die Prophylaxe und Förderung eines einzelnen Kindes beziehen.

Lernbüro
Als didaktische Organisationsform bezeichnet das Lernbüro ein Lernarrangement, das individualisierendes Lernen begünstigt. Die Kinder arbeiten zum Beispiel, organisiert durch Checklisten, für einen gewissen Zeitraum selbstständig in „ihrem Büro". Hier ist jedoch vor allem ein sozial-emotionaler Rückzugsraum gemeint, ein gesonderter, z. B. durch Stellwände abgeschirmter und ggf. mit Ohrschützern versehener Arbeitsplatz, z. B. in einer Ecke des Klassenraumes. Dieser kann zum Beispiel bei Konzentrationsproblemen oder für anspruchsvolle Stillarbeiten von einzelnen Kindern aufgesucht werden.

Mobiler Dienst
Der Mobile Dienst eines Förderzentrums (einer Förderschule) besteht aus Mitarbeitern, die beeinträchtigte oder von Beeinträchtigung bedrohte Kinder in ihren Regelschulen besuchen, Hilfen installieren, Lehrkräfte und Eltern beraten etc.

Nachteilsausgleich
Ein Nachteilsausgleich ist eine Niederschrift von Sonderregelungen, die dazu dient, einem individuellen Kind mit Behinderung oder längerfristiger Einschränkung Hilfen zu gewähren, die eine möglichst angemessene Durchführbarkeit und Bewertung der Schülerarbeit sichern. Dabei darf sich das inhaltliche Anforderungsniveau der Aufgaben nicht von den Anforderungen an die anderen Schüler unterscheiden, wohl aber die Bearbeitungsweise, der Umfang der zu erledigenden Aufgaben, der Bearbeitungsort, die Bearbeitungsgenauigkeit, der Einsatz von zusätzlichen Hilfsmitteln, die Präsentationsform, der Bearbeitungszeitpunkt etc.

Für Lese-Rechtschreib-Schwäche / Legasthenie gibt es länderübergreifende Vorgaben.

Dagmar Brunsch, Sascha Ebel: Inklusion – was tun? – Sekundarstufe
© Persen Verlag

Die Installation eines Nachteilsausgleichs erfolgt in der Regel durch Klassenkonferenzbeschluss. Der Nachteilsausgleich kann sich auf die Arbeit im Unterricht, auf Hausaufgaben, Klassenarbeiten etc. beziehen. Die Notwendigkeit und Funktionalität ist in regelmäßigen Abständen zu überprüfen (am besten halbjährlich in der Zeugniskonferenz).

Paradoxe Interventionsstrategien

Es gibt verschiedene Möglichkeiten, bei Verhaltensschwierigkeiten in der Klasse oder im Umgang mit einem Kind einzugreifen. Paradoxe Interventionsstrategien arbeiten u. a. damit, dass das Kind auf eine nicht erwartbare Reaktion seitens der Lehrkraft trifft, die eine Neuorganisation der eigenen Achtsamkeit erfordert. Die vom Kind erwarteten Effekte (z. B. Schimpfen, Ausschluss durch die Lehrkraft) bleiben aus. Das verunsichert und durch das Verstehenwollen der unerwarteten Reaktionen, manchmal auch durch das Beendenwollen, wird eine emotionale Öffnung der Lehrkraft gegenüber mit Neubewertung der momentanen Situation ausgelöst. Wichtig ist, dass die Lehrkraft noch in der Phase der Verunsicherung die nachvollziehbare bekannte Führung wieder übernimmt, den Widerspruch nicht (sofort) auflöst, unbedingt aber das Kind und die gesamte Lerngruppe ohne Gesichtsverlust für das Kind aus der Situation zu geordneter Unterrichtstätigkeit zurückbegleitet.

Phonologische Schleife

Bestandteil eines Modells von Alan Baddeley zur Speicherung auditiver Reize im Kurzzeitgedächtnis (visuelle Reize beim Lesen müssen erst „still im Kopf" in auditive umgewandelt werden). Aus dem Modell erwachsen sich Konsequenzen für Lehrersprache und Textangebot an Kinder mit eingeschränkter Gedächtnisspanne oder anderen sprachlich behindernden Einschränkungen. Kurze Wörter sind besser zu merken als lange, ähnlich klingende Buchstaben und Wörter können nicht so gut gemerkt werden wie sehr verschieden klingende, Hintergrundgeräusche wie Nebengespräche erschweren die Speicherung etc.

Phonomimische Zeichen

Lautgebärden, die, anders als zum Beispiel die Handzeichen für Gehörlose, nicht die Lautsprache ersetzen; phonomimische Zeichen stellen einen visuellen Bezug her zum Laut und / oder zum Graphem; damit kann die Laut-Graphem-Zuordnung besser gemerkt und wieder abgerufen werden.

Ressourcenorientierte Gespräche

Gespräche mit Eltern oder Schülern, in denen z. T. ausgehend von einer defizitorientierten Benennung einer Problematik versucht wird, vorhandene oder zeitnah entwicklungsmöglich erscheinende Stärken des Kindes (und z. T. auch der Eltern) anzusprechen und für den Lösungsprozess anzubieten.

Selektiver Mutismus

Anders als mutistische Kinder, die zumindest über gewisse Zeiträume hinweg gar nicht sprechen, ist das Sprechen beim selektiven Mutismus nur in bestimmten Situationen und bestimmten sozialen Settings unmöglich.

Teilleistungsschwäche

Anders als eine umfassende Lernbeeinträchtigung bezieht sich die Teilleistungsschwäche auf einen oder wenige Lernbereiche; schulisch relevant sind vor allem die Lese-Rechtschreib-Schwäche und die Rechenschwäche (Dyskalkulie).

Tätigkeitstheorie der Kulturhistorischen Schule

Hierbei handelt es sich um eine psychologische Theorie, die in der ehemaligen Sowjetunion entstanden ist. Sie geht davon aus, dass das Lernen auf Sinnbildungsprozessen des Individuums basiert. Die Wurzeln der von A. N. Leontjew begründeten Tätigkeitstheorie reichen in die 1920er-Jahre zurück.

Untergesetzliche Regelungen

Ausführungsbestimmungen, die, anders als Gesetze, nicht durch die Legislative beschlossen werden, also z. B. Erlasse und Dienstanweisungen der zuständigen Behörden.

Verhaltensvertrag   Bestandteil vieler Konzepte zur Vermeidung von / Reaktion auf Verhaltensstörungen, wobei ein Vertrag mit abverlangten oder zu vermeidenden Verhaltensweisen vom Kind selbst unterschrieben wird.

**Vorläuferfähig-   Fähigkeiten, die entwickelt sein müssen, hier: bevor ein schulischer Lehrgang Erfolg ver-
keiten**   sprechen kann. Gezielte Arbeit an mangelhaft ausgebildeten Vorläuferfähigkeiten (z. B. Ein-
      sicht in Mengeninvarianz) ist unbedingt angezeigt, kann aber selbstverständlich parallel
      zum Lehrgang erfolgen, wenn das die Gesamtsituation erfordert.

**Zieldifferente   Beschulung bei umfassenden Lernbeeinträchtigungen und geistiger Behinderung auf der
Beschulung**   Grundlage differenter Kerncurricula / Lehrpläne; führt in der Regel zur Erlangung verschie-
      dener Abschlüsse.

Dagmar Brunsch, Sascha Ebel: Inklusion – was tun? – Sekundarstufe
© Persen Verlag

IV. Literatur- und Quellenverzeichnis

Eine Welt der Vielfalt. Ein Trainingsprogramm des A WORLD OF DIFFERENCE – Institute der Anti-Defamation-League, New York in der Adaptation für den Unterricht. Gütersloh: Bertelsmann Stiftung, 1998

Weiterführende Literatur:

Für Präventionsmaterial im sozial-emotionalen Bereich/Soziale Trainings: **www.gruene-liste-praevention.de**

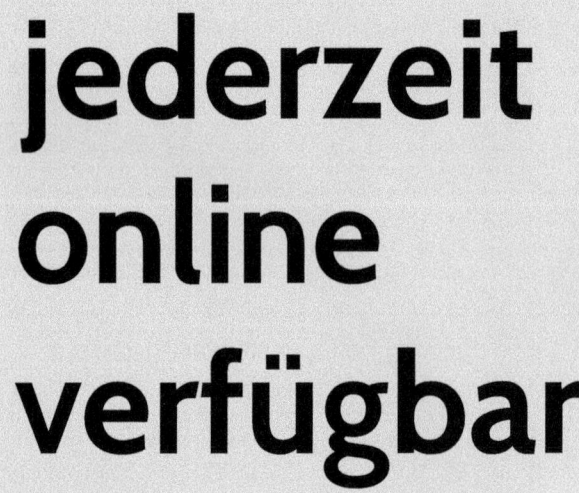